Éditions du Rocher
28, rue Comte-Félix-Gastaldi
BP 521 – 98015 Monaco
www.editionsdurocher.fr
ISBN : 978-2-268-11103-2
EAN Epub : 9782268111315

Alain Boublil & Claude-Michel Schönberg
En conversation avec Remy Batteault

J'avais rêvé...

Une amitié en musique

éditions du
ROCHER

*« Soyez vous-même,
tous les autres sont
déjà pris. »*

Oscar Wilde

PRÉFACE

SIR CAMERON MACKINTOSH

Cent ans avant ma naissance, deux des plus grands écrivains de tous les temps se rencontraient lorsque Charles Dickens se rendit à Paris pour rendre visite à Victor Hugo, en janvier 1847, pour être précis. Cent trente-deux ans plus tard, le destin était en marche quand Alain Boublil alla voir une reprise de la comédie musicale de Lionel Bart, *Oliver!* (dans le théâtre de Londres qui se nomme aujourd'hui le Noël Coward), que je produisais après avoir moi-même fait partie de la troupe de la production originale, en tournée.

Quand le brillant personnage dickensien Artful Dodger, un enfant orphelin, se mit à chanter « Consider Yourself at Home » à Oliver Twist, un autre fameux orphelin, le Gavroche de Hugo s'invita dans la tête d'Alain et, quand il téléphona peu après à son partenaire de longue date, le compositeur Claude-Michel Schönberg, l'idée d'écrire une comédie musicale à partir du grand roman de Hugo était née.

Bien entendu, je n'ai moi-même découvert tout cela que plusieurs années après avoir produit leur comédie musicale. Ma tante m'avait emmené voir *Oliver!* peu après sa première, à Londres, en 1960, ignorant alors que ce *musical* allait changer ma vie de bien des façons et exaucer tous mes rêves d'enfant d'une manière que je n'aurais jamais pu imaginer. Que je deviendrais le producteur d'*Oliver!* était déjà stupéfiant, mais qu'*Oliver!* inspirerait à Alain et Claude-Michel d'écrire une des plus grandes comédies musicales de tous les temps, et certainement un des deux plus grands succès de ma longue carrière, est tout à fait extraordinaire.

La première fois que j'ai entendu mentionner les noms d'Alain et Claude-Michel fut en 1982, quand, juste après la première de *Cats* à Londres, un metteur en scène hongrois était venu me voir et m'avait apporté le disque concept original des *Misérables* pour que je l'écoute dans le but d'une possible production à Londres. Un spectacle avait été mis en scène par Robert Hossein avec grand succès en 1980, pour une courte saison au Palais des Sports de Paris. Après quoi, rien ! Personne en France n'avait d'autres projets pour ce *musical* français. J'ai écouté l'album et fus immédiatement excité par l'originalité de la partition et l'idée de l'histoire. Par des amis, j'ai réussi à joindre Alain et Claude-Michel et, sur le modèle de Dickens, je les rencontrai à Paris en janvier 1983, un rendez-vous au fameux restaurant Le Bernardin, derrière l'Arc de triomphe, qui devait changer toutes nos vies. Alain, hôte charmant, parlait un anglais fluide tandis que Claude-Michel, bien que très cordial, parlait peu, écoutant attentivement, tous deux essayant de découvrir mes idées pour leur *musical*. Le déjeuner se passa bien, puisqu'ils me donnèrent leur accord pour poursuivre, quand l'anglais de Claude-Michel, soudain en progrès, me donna une indication de son esprit aiguisé, et notamment de combien il supportait mal les charlatans en la matière. Alors qu'ils me confiaient leur précieux bébé, j'étais totalement conscient qu'Alain et Claude-Michel étaient « *très formidables* ». Tel un signe, la pluie tombait à torrent dehors dans les rues de Paris, comme à la mort d'Éponine sur la barricade.

Les Misérables sont devenus le *musical* des peuples du monde, célébré par les publics de tous pays, dans des douzaines de langues différentes, malgré le rejet initial de certaines critiques en Angleterre, comme le roman de Victor Hugo avait été aussi rejeté par les critiques français quand ce chef-d'œuvre fut publié en 1862. C'est le Peuple, pour lequel Hugo écrivait (et non pour l'élite française qu'il méprisait), qui s'est fait le champion de cette brillante histoire, déchirante et infiniment émouvante. La route de Hugo jusqu'à la publication de son roman fut très longue : dix-sept ans depuis la première tentative en France, la mise de côté du projet pendant plusieurs années et l'écriture finale pendant son exil sur l'île anglo-normande de Guernesey.

La gestation du *musical* fut plus courte, de ses débuts sur une scène en spectaculaires tableaux vivants à Paris, en 1980, lesquels ne dramatisaient qu'une partie de l'histoire, jusqu'à sa « ré-imagination » en une comédie musicale que les gens qui ne connaissaient pas l'histoire pouvaient comprendre. En réalité, la majorité des innombrables spectateurs du *musical* ne connaissaient pas le roman mais en avaient entendu parler. Pour réussir cette transition, j'ai présenté à Alain et Claude-Michel plusieurs brillants collaborateurs dont James Fenton, Trevor Nunn, John Caird et Herbert Kretzmer, pour nous accompagner dans notre voyage. Mais depuis le départ, nous nous étions mis d'accord tous les trois sur un mode d'action simple. Nous trois devions être d'accord sur toutes les décisions clefs de changement à apporter à l'œuvre. Si l'un de nous n'était pas d'accord, nous continuerions à discuter jusqu'à obtenir l'unanimité. Cette relation de travail devint bientôt une amitié pour la vie. Notre collaboration passionnée fit, de ce que nombre de spécialistes du *show-business* annonçaient comme un grand désastre, l'un des plus grands succès du théâtre chanté et le plus longtemps à l'affiche de tous les temps. Une partition qui n'avait pas une chanson connue à ses débuts, et dont on connaît et chante toutes les chansons quelques décennies plus tard aux quatre coins du monde. Un *musical* dont le titre contient le mot le plus déprimant de la langue anglaise et qui affiche toujours « complet » à Londres quarante ans après et dans le monde. C'est le seul *musical* dont le succès est similaire sur une scène de théâtre ou dans les salles de concert, dans une version différente et spectaculaire, et qui a donné naissance à un film

Claude-Michel Schönberg, Cameron Mackintosh, Alain Boublil, répétition de *Miss Saigon*, 1989

toujours dans le peloton de tête des recettes de Hollywood.

Le succès des *Misérables* dépasse tous les rêves que tous les trois avions pu faire ; il nous a fait vivre de glorieuses aventures tout autour de la planète, fait rencontrer et travailler avec tant de gens talentueux. Nous sommes constamment rappelés à l'humilité quand des membres du public nous disent combien ce spectacle a changé leurs vies de façons que nul ne peut imaginer. Plusieurs chansons des *Misérables* sont devenues, dans la vraie vie, les hymnes des opprimés du monde. Le génie de Hugo nous a inspirés et, à notre tour, nous inspirons les gens qui se battent pour un monde meilleur, comme il le souhaitait. Dickens a inspiré à Lionel Bart les mots : « considère-toi comme faisant partie de la famille » et c'est ce que les *Misérables* sont devenus, une grande famille mondiale dont Alain, Claude-Michel et moi sommes les fiers parents.

À la soirée qui suivit le transfert des *Misérables* de la Royal Shakespeare Company au Palace Theatre dans le West End, alors que le destin du spectacle était encore très incertain, avec très peu de location d'avance, Alain et Claude-Michel me demandèrent anxieusement si ce serait un succès, et j'ai répondu : « oui », me basant sur la réaction du public. Ils ont soupiré de soulagement tous les deux et ont dit : « Bon, on a une profession et un nouveau musical à te faire écouter. » C'était *Miss Saigon*, leur brillante réinterprétation de l'histoire d'amour de *Madame Butterfly* au temps de la chute de Saïgon à la fin de la guerre américaine du Viêt Nam. Nous avons travaillé dessus ensemble en Provence, et le spectacle a débuté avec la plus grosse avance de location de l'histoire du légendaire théâtre Drury Lane de Londres. Contrairement aux *Misérables*, ce fut un succès instantané, tant public que critique, partout dans le monde. Un rare succès de longue durée, pour une histoire contemporaine basée sur des faits réels et non sur une fiction, grâce à un autre livret et une partition très personnels.

Merci à tous ceux qui ont aidé à la réalisation de nos spectacles et à ceux qui les ont aimés et nous ont accompagnés. Mais surtout à Victor Hugo, Charles Dickens et Lionel Bart pour nous avoir réunis, Alain, Claude-Michel et moi, afin de créer des comédies musicales qui nous survivront tous et seront jouées jusqu'à la fin des temps.

INTRODUCTION

Vous qui aimez rêver, nous sommes heureux que vous découvriez cet ouvrage. Espoir, déception, réussite : notre aventure pourrait presque servir de base à une comédie musicale, tant elle a été jalonnée de coups de théâtre !

Concevoir une œuvre musicale, c'est espérer qu'elle rencontre un public, qu'elle chante au plus grand nombre. Mais, pour tout vous dire, nous n'aurions jamais pu imaginer, en écrivant les premières strophes des chansons ou en jouant les premières notes au piano, que *La Révolution française*, *Les Misérables* ou *Miss Saigon* connaîtraient le destin qui met ce livre aujourd'hui entre vos mains.

Nous replongeons donc quelques décennies en arrière pour vous faire revivre ces souvenirs. Ils s'exprimeront tantôt par la voix d'Alain, tantôt par celle de Claude-Michel, mais le plus souvent par nos deux paroles conjuguées, puisque cela correspond à notre manière de travailler.

Plus de quarante ans après leur création parisienne, *Les Misérables*, devenus la comédie musicale la plus jouée au monde, vont rencontrer à nouveau le public français cette année. Ce retour ne constitue en rien la fin du voyage, mais bien un retour aux sources pour nous qui sommes, d'une certaine manière, des inconnus en France. Entrons maintenant dans les coulisses de cette histoire intégralement chantée, peuplée de personnages réels ou fictifs qui ont changé nos vies.

Claude-Michel Schönberg, Alain Boublil, théâtre Playhouse Square, Cleveland, 2022

Théâtre municipal de Tunis

CHAPITRE 1
DE TUNIS À PARIS

Alain Boublil

TUNIS

Mes souvenirs les plus lointains me ramènent à Tunis, ma ville natale. Elle se trouvait encore sous protectorat français et je la percevais comme une mini-capitale européenne et non comme une ville de province. Nos études se faisaient en français, au lycée Carnot, en un temps où les communautés de toutes confessions vivaient en merveilleuse intelligence.

Je devais avoir un an quand les Allemands ont débarqué en Tunisie, en 1942. Mon père m'a raconté, bien plus tard, qu'il fut recruté immédiatement, parce qu'il était juif, dans l'un des camps de travail obligatoire, comme préposé au cimetière, avant une probable déportation. Les nazis avaient fait de la Tunisie la base de leur occupation de l'Afrique du Nord. En 1943, les Anglo-Américains décidèrent d'empêcher cette progression et, le 13 mai de cette même année, onze jours après la naissance de ma sœur, les forces alliées débarquèrent à Tunis et chassèrent la Wehrmacht : une de leurs premières victoires totales sur l'ennemi. Mon père put retourner à son commerce. La petite famille l'avait échappé belle.

Mon père tenait une boutique de chaussures, ma mère veillait à l'épanouissement de ses quatre enfants, ma sœur, mes deux frères et moi, avec amour et intelligence, en nous offrant un socle stable et des valeurs inspirées par le respect de l'enseignement français, prometteur d'avenir, dans un environnement oriental qui nous imprégnait d'une double identité en devenir. Mes parents rêvaient pour moi, l'aîné, d'études supérieures et d'une vie plus ambitieuse et m'auraient bien vu devenir dentiste, médecin ou avocat.

Mes lectures et les films français (et italiens), qui sortaient à Tunis avec un peu de retard, orientaient déjà mon regard vers Paris. Grâce à des professeurs de français aux penchants artistiques déclarés, j'ai eu la chance d'assister dès mes dix ans à des représentations en tournée de la Comédie-Française, du TNP et des troupes Hébert ou Karsenty qui faisaient escale à l'unique théâtre de Tunis. J'y découvre les classiques : *Le Cid,* qui m'a durablement marqué, *Le Prince de Hombourg*, avec Gérard Philipe, l'*Avare* de Molière et bien d'autres. À Radio Tunis, j'écoute Brassens, Brel, Bécaud, Aznavour, Mouloudji : ces magnifiques textes rimés et leur mariage harmonieux avec la musique plantent en moi la graine d'un désir que je n'interprète pas encore. J'écoute les chansons qui racontent une histoire, comme on vit une pièce de théâtre. Par exemple « La Ballade des Baladins », interprétée par Gilbert Bécaud sur un texte de Louis Amade : « *Les baladins qui serpentent les routes / Qui sont-ils donc dans leurs costumes d'or* », me fascine – l'impression de raconter votre vie rêvée par la bouche d'un autre. J'ai même essayé plus tard, à quatorze ans, d'interpréter (mal) cette chanson dans un radio-crochet à Tunis.

Comme beaucoup d'enfants, durant les vacances d'été, je m'amusais à monter de modestes spectacles dans le jardin de la petite maison en bord de mer que nous louions à mon oncle, le magnat de la famille. Je transposais des extraits de bandes dessinées en dialogues avec les fils des voisins pour acteurs, mes premiers pas d'auteur. À l'adolescence, je bricolais quelques textes comme, par exemple, un hymne pour... l'équipe de volley-ball !

Dès mes quinze ans, je développe un goût pour le jazz grâce aux vinyles importés d'Angleterre de Clifford Brown et Max Roach, Lester Young, Charlie Parker, Gerry Mulligan, que nous nous échangions avec un groupe d'amis musiciens de jazz moderne qui fondèrent le Jazz-Club de Tunis. Nous nous pressions tous aux rares venues en concert à Tunis de jazzmen, tels Ahmad Jamal ou le Modern Jazz Quartet, que nous osions parfois aller approcher dans les coulisses. À 21 heures, en plein hiver, au lieu d'aller me coucher, je ne loupais jamais l'émission de jazz sur la radio américaine Voice of America, qui continuait d'émettre en Afrique du Nord après la guerre, avec « Take the 'A' Train » de Duke Ellington en générique. J'écoutais religieusement, ce qui a sans doute contribué à me familiariser avec la langue anglaise.

Avec ce groupe d'amis, nous vivions pressés de passer notre bac pour découvrir enfin Paris. En attendant, passionné de littérature et d'histoire, je continuais à découvrir en classe les grands auteurs au programme, Balzac, La Fontaine, Montaigne, Victor Hugo dont nous étudions quelques extraits des *Misérables* avec le professeur de français. Pendant le secondaire, mon esprit s'ouvre avec curiosité à d'autres grandes voix: Flaubert, dont la rigueur de la forme m'impressionne et l'analyse des sentiments me touche, Camus, le novateur chantre des libertés, et au théâtre les autres pièces de Corneille, Racine, Molière. J'étais armé pour la révélation que serait pour moi la découverte de la philosophie en terminale avec l'extraordinaire M. Grenier, sartrien convaincu qui me convertit bientôt à la lecture de *La Nausée*, de *La Critique de la raison pure* (trop touffu pour moi !), du *Deuxième Sexe*.

Cette photographie de moi à dix ans montre ma première incursion sur les planches lorsque je faisais partie des chœurs pour un gala de charité. La chanson s'appelait : « Et voilà le gros Bill ».

LE GRAND VOYAGE

En ce temps-là, à Tunis, on pouvait effectuer sa première année universitaire de médecine ou de droit. Je ne savais pas ce que je voulais faire ; en revanche, je savais très bien que je ne voulais être ni docteur, ni avocat. J'ai donc recherché les études qui me permettraient de partir immédiatement à Paris. Je découvre dans une brochure l'existence d'une grande école nommée HEC et qu'il s'y trouve une classe pour les étudiants étrangers : l'Académie commerciale, suivie d'un concours d'entrée directement en deuxième année. Muni d'un baccalauréat lettres et philosophie, un parcours très difficile s'annonce. Les mathématiques, essentielles à l'école des Hautes études commerciales, ont toujours été mon point faible ! Mais ce doute ne pèse pas bien lourd au regard de la perspective d'un Paris idéalisé par les films et par les Parisiennes qui peuplaient mes fantasmes d'adolescent. Mes parents acceptent ce choix inhabituel. Par chance, mon ami Robert Benmussa opte pour la même école, alors persuadé qu'il deviendra expert-comptable, sans se douter une seconde qu'il deviendrait aussi le producteur des films d'Alexandre Arcady puis de Roman Polanski, et mon précieux conseiller et stratège tout au long de ma vie créatrice.

Pour l'heure, n'étant pas d'un milieu privilégié, j'habite dans une maison d'étudiants à Barbès, en pleine guerre d'Algérie, avec des gens armés de tous bords et des coups de feu qui animent le boulevard chaque nuit, dans une ambiance très éloignée du Saint-Tropez de *Et Dieu... créa la femme* ! En compensation, je passe mes journées à HEC dans le quartier chic du boulevard Malesherbes et mes soirées, dès que l'emploi du temps scolaire, très chargé, le permet, à Saint-Germain-des-Prés, où j'aperçois par hasard Jean-Paul Sartre en conversation très animée

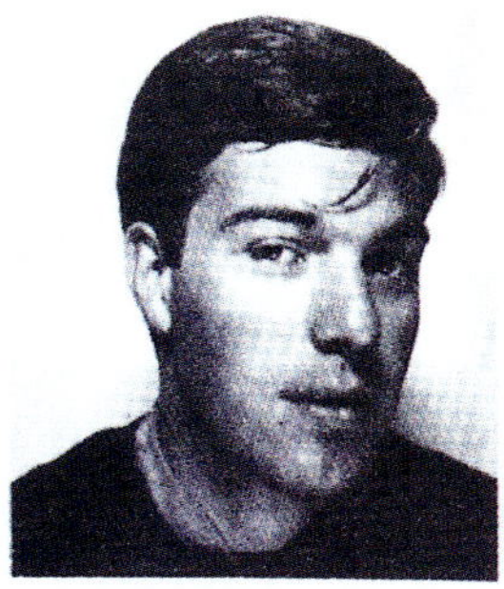

Robert BENMUSSA
33, rue Lauriston
Paris (16e)
L'étude de marchandage.

Alain BOUBLIL
c/o Zarka
35, rue Lauriston
Paris (16e)
Pur produit du négoce méditerranéen.

Extrait du Trombinoscope HEC, année scolaire 1960-1963

avec Simone de Beauvoir, à la terrasse du café de Flore. Je crois rêver ! Je cours à l'Olympia chaque fois que mes moyens m'y autorisent. J'y vois l'incroyable Sammy Davis Jr, la géniale Ella Fitzgerald, essuyant la sueur de son front avec son mouchoir après chaque chanson, et bien entendu tous les chanteurs français que j'admire : Aznavour, Bécaud, Brassens (lui à Bobino), éblouissants, chacun dans son genre. Et peu après, les Beatles en première partie de Sylvie Vartan au Palais des Sports. Un autre ami très proche et complice de Tunis, Norbert Saada, futur grand producteur de films, arrivé à Paris avant nous, a déjà un pied dans les boîtes de nuit de la capitale et des relations dans la profession artistique. Il me présente Hugues Aufray, qui chante alors dans un cabaret à Montmartre. Ce milieu complexe et fascinant me semble immédiatement familier. Mon envie d'écrire ressurgit. Tout me semble toutefois hors de portée. Un rêve inaccessible. À ma grande surprise, après l'Académie commerciale, je réussis le concours d'entrée en deuxième année d'HEC et, deux ans plus tard, me voilà diplômé, promotion 1963, enrichi, sans en avoir une claire conscience, de connaissances qui me permettront d'être un jour le gestionnaire de ma propre création.

EUROPE 1

À l'issue d'HEC, le destin me fait un signe par le biais du stage obligatoire de fin d'études qui dépend du rang de sortie. Je ne suis que cent dix-neuvième, toutes les grandes entreprises convoitées par les autres sont prises. Mais pour moi, la porte du paradis s'entrouvre : un stage à Europe 1. Au vu de mon intérêt pour la musique, Lucien Morisse, le directeur général, devine que je ne suis pas un étudiant classique. En peu de temps, je comprends comment la radio fonctionne, comment se fabrique une émission. Je pénètre quotidiennement dans la caverne d'Ali Baba, autrement dit la discothèque, en pleine période yé-yé. Les attachés de presse des maisons de disques et leurs artistes deviennent peu à peu des familiers.

Suite à cette période enchanteresse, on me propose un poste de programmateur à plein temps pour la tranche matinale du 6/9, la plus écoutée, et mon premier travail rémunéré. J'ai désormais un bureau qui peine à contenir tous les disques que l'on m'apporte. Il est situé en face de celui de Daniel Filipacchi et de

Frank Ténot, qui présentent chaque soir « Pour ceux qui aiment le jazz » et débutent « Salut les copains » ; deux émissions fondatrices de l'époque, dont l'écoute enrichit l'éclectisme de mes goûts musicaux. Je bénéficie d'une liberté absolue pour mes choix du matin et peux parfaitement programmer un vieux morceau de jazz, puis le dernier titre d'Aznavour et le nouveau Johnny Hallyday à la suite, pour peu que le cocktail garde l'auditeur captif sur la station et les flashes d'information qui font sa réputation. Par ailleurs, j'ose enfin écrire, en secret, sous le pseudonyme de Franck Harvel, des textes pour une nouvelle venue, Marianne Mille, et peu après, à la demande d'un ami éditeur de musique, je collabore avec Michèle Vendôme à l'écriture française d'un succès de Dionne Warwick : « Any Old Time of the Day », qui devient « Chaque instant de chaque jour », et sera interprété simultanément par Sheila et par sa concurrente Dalida. Une aventure inouïe pour un débutant.

LES ÉDITIONS MUSICALES VOGUE

J'ai une passion pour l'alchimie mystérieuse entre un artiste et une chanson pleinement satisfaite à Europe 1 et ne pense pas à l'avenir. Un déjeuner avec un émissaire de la direction générale des disques Vogue me propose de passer du côté de ceux qui font la musique plutôt que de la juger. M'est offerte la direction artistique de leur département d'édition musicale : voiture, secrétaire, notes de frais... J'accepte. Je gravis une marche, ou plutôt je change d'escalier. Jamais je n'aurais pensé que cela m'arriverait aussi vite. Nous sommes en pleines années soixante, je pars acheter des titres à Londres, à New York (où la variété se réinvente chaque semaine depuis l'explosion d'Elvis Presley et des Beatles) dans l'espoir de les placer aux nouvelles stars du yé-yé : Johnny Hallyday, Sylvie Vartan, Dick Rivers, Sheila, Claude François, tous friands d'adaptation de chansons anglo-saxonnes. J'engage également des auteurs et compositeurs français débutants, dont Raymond Jeannot, avec lequel je connaîtrai mon premier vrai succès d'auteur, et Gérard Layani, avec qui je coécrirai, entre autres, les textes de plusieurs chansons pour Petula Clark, dont « C'est le refrain de ma vie » sur une musique de Raymond Jeannot, devenue en anglais « The Song of My Life ».

1966. Entrent dans ma vie professionnelle deux personnages

Alain et Christian Fechner en compagnie d'Antoine, Paris, 1966

hauts en couleur: Christian Fechner, frais débarqué de sa ville natale d'Agen, Rastignac, balzacien décidé à révolutionner le monde artistique avec sa première découverte, Antoine, en pantalon de treillis militaire et chemise à fleurs, convaincu du bien-fondé de sa première composition, à laquelle il donne sans hésiter son nom: « Les Élucubrations d'Antoine ». Je partage immédiatement leur folie et leur enthousiasme et les disques Vogue s'engagent sans hésiter dans l'aventure. La chanson provoque un raz-de-marée et une guerre des ondes en raison des paroles: « Johnny Hallyday en cage à Médrano ». Johnny y répond brillamment sous la forme d'une autre chanson: « Cheveux longs et idées courtes », de la plume éclectique et incisive de Philippe Labro. C'est le début d'une carrière en vedette pour Antoine. Nous voilà, lui, Fechner et moi, propulsés dans le premier cercle de la variété française, avec l'Olympia, la succession de tournées, la presse, la télévision, la production du groupe comique des Charlots, une autre idée brillante de Fechner, avec Gérard Rinaldi et les Problèmes qui accompagnaient jusque-là Antoine sur scène.

Je fais enfin partie de cette profession, admiré parfois, jalousé sûrement, mais je n'ai rien écrit durant toute cette période. Je me demande si je ne suis pas en train de devenir un cadre de l'industrie du disque, et cette seule pensée me tétanise.

Le port de Vannes, 1945

CHAPITRE 2
DE VANNES À PARIS

Claude-Michel Schönberg

VANNES

Je parlerai tout d'abord de mes parents, juifs hongrois. Mon père, jeune expert-comptable à Budapest, travaillait face au bureau de poste où officiait ma mère. Ils sont tombés amoureux. Le jour où mon père, lors d'une manifestation populaire–hélas monnaie courante dans ce pays instable–a reçu le plat d'un sabre sur l'épaule gauche, marque infâme portée à vie, il décide de s'expatrier et, une fois établi, de faire venir sa fiancée. C'est à Paris qu'il trouve refuge. Un oncle musicien, qui fut maître de chapelle du tsar Nicolas II et qui avait fui lors de la révolution russe de 1917, lui trouve du travail. Cet oncle a deux enfants : Lisa et Lolo. Ce dernier a voulu partir loin, à New York, où il est devenu l'assistant particulier d'Ira Gershwin ! Grâce à son oreille musicale, mon père est vite passé accordeur de piano dans l'usine Pleyel qui l'employait. Puis il part à Lunéville pour un nouveau travail. Ma mère le rejoint, ils se marient. Quelques années plus tard, son attention est attirée par une annonce pour un poste, soit à Saint-Brieuc, soit… à Tunis. Il s'en est fallu de peu que mes parents s'installent dans la ville natale d'Alain, mais, comme ils ont l'habitude de retourner de temps en temps en Hongrie, ils optent pour la Bretagne. Là, ils travaillent dans le magasin de musique tenu par M. Gaudut qui, quelques années après, confie sa nouvelle succursale de Vannes à mon père.

De haut en bas : Jean-François, Marie-Thérèse et leur frère Claude-Michel

Le Morbihan a immédiatement séduit mes parents par son esprit d'indépendance, ce côté « chouan » qui refuse de se mettre au pas de Paris. La petite ville les a accueillis à bras ouverts. Mon père accordait les pianos, réparait les harmoniums et bien d'autres instruments. Ils ont mis un petit moment avant d'avoir des enfants, puis mon frère aîné et ma sœur sont arrivés, et moi, comme par surprise, en 1944 ! Je suis venu au monde entouré de musique.

La famille a pu traverser la guerre sans encombre. D'une part, mes parents faisaient partie des rares à parler allemand, recueillant par exemple les confidences d'un soldat en pleurs qui refusait cette guerre, et dont le seul objectif était de retourner dans son pays retrouver femme et enfants. D'autre part, la police et l'administration les prévenaient en cas de contrôle. Mon père aidait sporadiquement la Résistance ; il racontait cette anecdote marquante : muni d'un laissez-passer pour emprunter la bande côtière, très surveillée, on lui confie deux pistolets qu'il dissimule dans le double fond de sa mallette. Il fait une halte pour accorder le piano d'un colonel. En sortant, il se fait arrêter par deux soldats qui, malgré son sauf-conduit, veulent le fouiller. Le colonel sort fumer une cigarette, voit la scène et ordonne qu'on le laisse tranquille. Dans la vie, vous êtes parfois sur le fil du rasoir. Décider d'une parole, d'une attitude, d'un geste et tout peut basculer d'un côté ou de l'autre en une fraction de seconde.

LA BOUTIQUE

Dans la boutique située rue Billault étaient vendus des partitions et des 78-tours soigneusement emballés dans leurs pochettes kraft. J'ai découvert l'opéra ainsi, avec ces galettes qu'il fallait retourner sans cesse. Plusieurs valises étaient nécessaires pour contenir l'intégrale de *Madame Butterfly*, ma première découverte, de *Carmen* ou des *Contes d'Hoffmann*. Devant le gramophone, je m'amusais à diriger, tel un brillant chef d'orchestre. Je devais sans doute reproduire des gestes vus au cinéma. Tout ce qui touchait à la musique, je l'assimilais sans effort. À mes quatre ans, mes parents ont pris une affaire en leur nom et nous avons déménagé dans un appartement qui donnait sur le port. Les pianos en vente étaient répartis dans toute la maison. Les clients passaient d'une pièce à l'autre pour les tester. J'avais à ma disposition une dizaine de claviers et n'arrêtais pas de taper dessus toute la journée. Ce furent les bases de ma formation musicale! Les postes de radio étaient rares, la télévision n'existait pas, la musique occupait une plus large place dans la vie des gens dans le cadre, par exemple, d'associations. Mon père ne manquait donc pas de travail: il effectuait ses tournées à bicyclette, parfois une centaine de kilomètres en une journée.

VOYAGE À PARIS

Un grand choc fut le voyage à Paris pour rendre visite à des parents qui étaient parvenus à fuir la Hongrie clandestinement. C'était comme aller sur la lune pour moi, petit garçon de cinq ans. Au bout des neuf heures en train, je vois depuis la fenêtre du wagon la tour Eiffel, puis découvre, ravi, un Paris tout noir de suie. L'agitation de la capitale contraste tellement avec la torpeur de Vannes… De plus, ma mère m'emmène découvrir *Carmen* à l'Opéra-Comique. Je fus transporté et me souviens aujourd'hui encore de cette représentation dans les moindres détails: le décor, l'odeur dans la salle, les envolées de l'orchestre. Plus tard, en voyant *Madame Butterfly* dans cette même salle en 1949, je ne comprenais pas pourquoi, à l'issue de la représentation, les applaudissements nourris allaient aux interprètes alors que, pour moi, ils devaient être destinés au compositeur. Ma mère m'a expliqué qu'il était mort, que les choses se déroulaient ainsi. N'empêche, je n'étais pas content du tout.

Madame Butterfly, Opéra Comique, 1960

Par la suite, j'ai pris des cours de piano, en m'arrangeant pour tout faire d'oreille; j'ai toujours été réfractaire au solfège. Plutôt que d'étudier les classiques, je voulais surtout travailler les petites compositions qui me traversaient l'esprit. J'empruntais des livres à la bibliothèque, particulièrement intéressé par les contes. Celui qui a déclenché ma passion pour la lecture est *La Légende de la mort en Basse-Bretagne*, d'Anatole Le Braz qui évoque toutes les croyances bretonnes autour du trépas. Ce sujet résonnait fort en moi car depuis l'enfance, j'avais souvent le souffle coupé pendant la nuit en pensant à la mort et au néant, et je devais allumer la lumière afin de chasser ces idées de ma tête.

Je serai toute ma vie reconnaissant au centre dramatique de l'Ouest, basé à Rennes, d'avoir organisé des tournées qui faisaient halte dans la salle des curés de Vannes. Toutes les pièces que j'ai pu voir, tant les classiques que d'autres plus modernes, toutes ces écritures singulières m'ont permis de continuer à ouvrir mon esprit et à affiner ma sensibilité.

PARTIR

Je commençais à m'ennuyer dans ma petite ville. Mon frère avait gagné un abonnement à *Life Magazine*. Comme j'enviais la vie colorée en Amérique que montraient ces photos! Un jour, à Carnac, j'ai vu deux soldats américains: je fus épaté par la qualité du tissu de leurs vêtements, sans comparaison avec celui des nôtres. J'avais quatorze ans, je voulais tout cela, il fallait que je parte. Souvent, dans ces moments charnières, le destin s'en mêle. Chez nous, il a frappé durement puisque, le 19 août 1958, mon père meurt. Ses affaires marchaient bien, il avait prévu d'acheter une jolie maison de ville… Tout s'est effondré du jour au lendemain. Il était artisan et nous ne pouvions obtenir aucune aide. Il a fallu nous débrouiller. Mon frère travaillait à Paris, ma sœur sur place, pour des assurances. Avec ma mère, nous faisions des petits boulots. L'un de nos favoris consistait à remplir des adresses sur des enveloppes que nous donnait le cadastre de la préfecture. Un franc par enveloppe. À quinze ans, j'occupe un poste à l'inspection académique, ayant prétendu que je savais parfaitement me servir d'une machine à écrire. J'ai eu tôt fait d'apprendre. Je tapais tous les résultats des examens, y compris ceux de mes camarades que je prévenais en douce.

Mais mes aspirations allaient à la musique, puisque je voulais être compositeur d'opéra. Toutefois, pour ma famille, ce n'était pas envisageable. Alors j'ai conclu un pacte avec eux: je termine mes études et ensuite je fais ce que je veux. De fait, une fois mon bac en poche, j'entre en prépa à Rennes mais, lassé par les nombreuses heures de maths, en deuxième année je prépare HEC. Je réussis, mais refuse d'aller à Paris et choisis Sup de Co, l'école supérieure de commerce à Nantes. En effet, avec trois amis étudiants, nous avions créé en 1963 Les Vénètes, le premier groupe de rock de la région. Avec des reprises ou des chansons originales — dont je composais la musique — nous donnions des concerts un peu partout, ce qui rapportait assez d'argent pour financer mes études et soulager ma mère. En classe, je dormais la plupart du temps, comptant sur les acquis solides de ma prépa.

J'ai découvert à cette époque qu'il nous était possible d'utiliser gratuitement le théâtre Graslin pour une soirée. Il m'est venu l'idée de faire venir Barbara. Mais comment la contacter? J'avais écrit une chanson, qu'un de mes amis avait placée à Paris à une chanteuse, Eva. J'étais très content, car c'était une première expérience; j'ai d'ailleurs découvert un jour qu'un disque avait été enregistré. Depuis le secrétariat

Barbara dans les années 1960

de l'école, car je n'avais pas un kopeck pour téléphoner à Paris, j'appelle son agent. Coup de chance : elle s'occupait de Barbara qui, contre toute attente, consentit à venir à Nantes, à condition que personne n'évoque la fameuse chanson... « Nantes ». L'organisation m'en est revenue. Je vivais un moment magnifique, assis à côté d'elle au piano — qu'elle a d'ailleurs trouvé très bien accordé — tandis qu'elle testait le son de la salle avec ses créations. Le concert fut triomphal et rapporta plus d'argent que prévu, ce qui me permit d'acheter, en partie à crédit toutefois, un piano Wurlitzer, le même modèle que celui qu'utilisait Ray Charles. Par la suite, je rencontrerai plusieurs fois Barbara. Elle voulait me faire entrer chez Phillips, sa maison de disques. Je n'oublierai jamais le privilège, assis à ses côtés, de l'entendre chanter uniquement pour moi « Une petite cantate ».

EMI – PATHÉ-MARCONI

À l'issue d'un concert avec les Vénètes, je rencontre Jacques Sclingand, de EMI — Pathé-Marconi, qui souhaitait rajeunir son équipe et m'engager comme directeur artistique. Il a eu la gentillesse d'attendre quelques mois, le temps que je termine mes études. Et me voilà à Paris avec comme collègue le tout jeune Michel Berger. Nous sommes en 1967 et j'entre de plain-pied dans l'univers qui me correspond. Pour nous amuser, avec Michel, nous avions une tradition : que l'un présente à l'autre une chanson écrite dans la nuit. J'étais émerveillé par son talent, c'était un prince de la musique. La délicatesse des paroles qu'il écrivait contrastait avec le style des miennes. Il fallait que ça barde, avec des grands mots un peu épiques ! Dans la vie, je me compare à un cygne : pataud sur terre dans les tâches du quotidien, mais à l'aise dans l'eau, soit lorsque je m'occupe de musique. Tout m'y est naturel. Nous suivions la mode, nous nous occupions de groupes et d'artistes comme Dani, Véronique

Sanson. Jusqu'à la fin de sa courte vie, nous sommes restés très proches, Michel et moi. Les mélodies qu'il a composées pour *Starmania* sont pour moi parmi les plus belles de la chanson française. Au soir d'une magnifique journée de l'été 1992, j'ai recueilli son dernier souffle. Il avait encore tellement de choses à faire. Plus de trente ans plus tard, il me manque tous les jours.

Parallèlement, je continuais à découvrir la musique classique, avec des sensations extrêmes qui allaient jusqu'à l'évanouissement, ce qui a été décrit comme le « syndrome de Stendhal ». Ce fut le cas en découvrant le prélude de l'acte I de *Lohengrin*. La fusion des hommes avec la musique, qui n'est après tout qu'une vibration de l'air… Comment tout cela devient tangible, avec l'impression que la musique se pose sur votre main. Durant ces moments proprement miraculeux, elle remplace largement toute croyance divine. Atteindre les âmes à ce point, cela dépasse l'entendement.

Voilà qui était bien éloigné du monde de la variété qui composait mon quotidien. Une chanson de cette période a joué un rôle crucial dans ma vie. Interprétée par Patricia, « Tous les jours à 4 heures » racontait l'ennui de la vie d'une collégienne, un peu comme si elle habitait Vannes. Et cette chanson va provoquer une rencontre…

Première des *Misérables* au Palais des Sports, Michel Berger et France Gall viennent découvrir le travail de leurs amis, 1980

West Side Story, George Chakiris (Bernardo) et Eddie Verso (Juano).

CHAPITRE 3
LA RENCONTRE

ALAIN

Elle eut lieu à mon initiative en 1967, après avoir entendu « Tous les jours à 4 heures », une chanson interprétée par Patricia, une nouvelle artiste à la voix dramatique, prenante, chouchou de la semaine de l'émission « Salut les copains », devenue culte. Elle me marque comme si je voyais défiler les images qui racontent l'ennui de cette jeune provinciale. Je souhaite immédiatement rencontrer l'auteur ou le compositeur, sans savoir que c'est le même. Je me renseigne chez Pathé-Marconi, qui a sorti le disque. Il s'agit de l'un de leurs directeurs artistiques, et auteur-compositeur : Claude-Michel Schönberg. Il passe me voir au bureau, on s'entend bien, on parle chanson, histoire, relations communes, un peu comme si on se connaissait depuis longtemps. Nous nous revoyons très vite pour des discussions à bâtons rompus. Lors de l'une d'entre elles, j'évoque un choc que j'ai ressenti quelques années auparavant.

Patricia, *La Musique de l'automne*

WEST SIDE STORY

En 1961, Félix Marouani, le fameux imprésario, d'origine tunisienne lui aussi et ami de jeunesse de mon père, me propose deux places pour voir un spectacle américain sur scène en tournée parisienne auquel il est associé, dans la superbe salle de l'Alhambra. « Une comédie musicale », me dit-il. Le mot évoque vaguement pour moi les films

Affiche du théâtre L'Alhambra, 1961

Richard Beymer et Natalie Wood dans le film de Robert Wise et Jerome Robbins, 1961

américains du genre. Dès l'ouverture, quelque chose se produit en moi, une sorte d'épiphanie *a posteriori*. Je n'étais plus assis à côté de la jolie jeune fille qui m'accompagnait, j'étais *dans* le spectacle, j'étais *le* spectacle. La dimension théâtrale de cette adaptation de *Roméo et Juliette*, qui intègre la chorégraphie aux dialogues et aux scènes chantées, ouvre des perspectives qui me paraissent infinies. Moi qui n'ai jamais vu d'opéra, je découvre qu'il est possible de créer une histoire dramatique et chantée, mieux encore, de transposer une œuvre originale parlée en comédie musicale, jusqu'à en faire oublier la pièce initiale. Le message crie fort, mais je ne sais pas l'interpréter.

CLAUDE-MICHEL

Encore étudiant à Rennes, c'est l'adaptation cinématographique de Robert Wise que j'ai découverte. La musique de Leonard Bernstein a totalement ébranlé le jeune compositeur sûr de lui que j'étais. La

première séance m'a tellement épaté que j'ai assisté aux deux suivantes et que je suis revenu le lendemain. Le générique avec ce dessin de Manhattan et ses couleurs qui varient avant que la caméra ne plonge dans la ville, l'arrivée des bandes rivales... J'ai littéralement décollé de mon siège. À chaque nouveau visionnage, de nouveaux détails m'apparaissent, comme un puits sans fond. J'ai découvert bien plus tard la version scénique avec la même sensation, partagée avec Alain, d'être face à une œuvre ultime.

Leonard Bernstein

ALAIN

Sans que nous en ayons conscience, cet échange plante une autre graine qui mettra plus de dix ans à germer et offrir ses fruits. En attendant, nous décidons de poursuivre nos conversations, peut-être de travailler ensemble un jour et puis... chacun retourne à ses préoccupations quotidiennes. Mais très vite nous nous retrouvons, je découvre le groupe qui gravite autour de Claude-Michel chez Pathé : Michel Berger, lui aussi jeune directeur artistique, parfois Véronique Sanson qui travaille avec eux ; Françoise Pourcel, éditrice avec un bureau chez Pathé et son père, le chef d'orchestre international Franck Pourcel, artiste Pathé, dont Claude-Michel devient le responsable artistique. L'ambiance est joyeuse, créatrice, bouillonnante de projets en devenir. L'un d'entre eux est que j'entretiens une relation romantique avec Françoise ; nous nous marierons en mars 1969.

Un soir de la même année, au restaurant, Raymond Jeannot et moi nous mettons au défi d'écrire un tube de l'été, dont je griffonne les premières lignes sur la nappe en papier. Il en compose la musique le jour suivant. Je fais écouter « Adieu, jolie Candy » à Franck Pourcel. Enthousiaste, il souhaite orchestrer et produire cette chanson avec moi, ce qui me stupéfie et m'enchante. Il manque un interprète, ce sera Jean-François Michaël. En quelques semaines, le disque devient numéro un au hit-parade en France et le reste tout l'été. Pari réussi ! En Italie sous le titre « Fiori bianchi per te », interprété là aussi par Jean-François Michaël, dans une adaptation de l'auteur italien de premier plan Mogol, la chanson devient numéro un au hit-parade italien. Mogol, l'auteur des chansons de Lucio Battisti, la grande vedette italienne, me demande alors de devenir leur représentant en France, ce que j'accepte avec fierté.

Franck Pourcel et Claude-Michel Schönberg

« Adieu, jolie Candy » provoqua une autre rencontre marquante : Stig Anderson, auteur et, comme moi, producteur et éditeur, me demande l'autorisation de la traduire et en fait un succès en Suède. Quelques années plus tard, il m'appellera pour m'informer de son souhait d'associer ses amis européens, dont je suis, à la distribution d'un tout jeune groupe qu'il produit et qui enregistre en anglais. Il me fait écouter leur premier 45-tours : *Ring Ring*, dont j'acquiers les droits de sous-édition et de distribution en France pour les disques Vogue. Cela devient un gentil succès. Stig vient à Paris peu après pour me jouer leur prochaine chanson. Il mentionne qu'elle a de fortes chances de représenter la

Claude-Michel, Alain, le groupe ABBA et les attachés de presse de la maison de disques Vogue, années 1970

Suède à l'Eurovision et qu'il a changé le nom du groupe à partir des initiales des prénoms des deux filles et des deux garçons: ABBA. Je trouve « Waterloo » formidable, prépare sa sortie en France. La confirmation qu'ABBA défendra les couleurs de son pays arrive quelques jours plus tard.

Au même moment, la chanteuse Dani me présente une chanson qui pourrait être sélectionnée pour représenter la France à l'Eurovision. Elle l'est, mais le président Pompidou décède. Un deuil national annule la participation de la France au concours cette année-là. Très déçu, je regarde l'émission à la télévision et le triomphe d'ABBA, persuadé que « Waterloo » sera un tube, mais sans imaginer que je serai associé pendant plus de dix années à la carrière d'un des plus grands groupes de la variété mondiale. Mais n'anticipons pas.

La lecture reste ma passion, je me plonge sans retenue dans les pages de *Belle du Seigneur* d'Albert Cohen et l'amour inconditionnel entre Solal et Ariane. Je découvre les conteurs orientaux Naguib Mahfouz, Ismail

Kadaré, puis Michel Tournier et son *Roi des Aulnes*, Marguerite Yourcenar et la provocation des *Mémoires d'Hadrien*, l'immense Stefan Zweig et le grand historien Claude Manceron et ses *Hommes de la liberté* sur les héros connus et moins connus de la Révolution française...

CLAUDE-MICHEL

Jusqu'en 1972, je produis de nombreux disques au sein de Pathé-Marconi. Par exemple les premiers albums de Thierry Le Luron, avec mon ami très cher Paul Lederman, un visionnaire, un mentor pour tous mais rarement compris. Paul m'appelle « son interprète » car ses propos sont un peu trop imagés et abscons pour les techniciens.

Régine, très attentionnée avec moi, m'invite tous les jeudis à déjeuner chez elle au-dessus de son club, en n'oubliant jamais d'envoyer quelqu'un acheter un mille-feuille (mon dessert préféré).

Je me souviens également de Gilbert Bécaud, toujours pressé, qui désire avoir son album en vente à l'Olympia le lendemain de sa première! Je relève et réussis ce défi. Par la suite, il m'accorde sa confiance puisqu'il me charge, à partir d'un enregistrement piano/basse, d'habiller, avec un orchestrateur que j'engage, ses chansons avec d'autres instruments. J'ai toujours eu beaucoup d'affection pour lui. Nous nous sommes retrouvés plusieurs années après lors d'une soirée de première, et à force de discuter durant l'entracte nous n'avons pas vu la deuxième partie !

Je deviens producteur de Franck Pourcel. Je découvre un homme extraordinaire qui devient mon père de substitution. J'avoue avoir utilisé et usé outrageusement de sa tendresse envers moi. Il était toujours prêt à m'aider, voire à rectifier mes erreurs. Ce colérique de réputation n'a jamais laissé une ombre altérer notre relation lumineuse !

ALAIN

Notre relation avec Claude-Michel est devenue amicale. Nous partageons des moments passionnants d'échange à propos de nos lectures réciproques, qui finissent toujours par des discussions sur l'opéra et la comédie musicale. Je l'informe en détail de mes voyages d'éditeur à Londres et à New York où j'ai vu *Fiddler on the Roof*, *Hello, Dolly!*, *Cabaret*. À la même époque, le double album de la version symphonique de *Tommy*, le *rock opera* composé par les Who, nous impressionne tous les deux. Franck Pourcel, un doux prophète s'il en fut, nous confie calmement : « Un projet vous rassemblera tous les deux un jour. »

UN SOIR À BROADWAY

À New York, un soir de 1971, un de mes contacts me propose des invitations pour voir *Jesus Christ Superstar*. Je n'avais pas grand souvenir du concept album, que j'avais écouté. La version scénique de ce *rock opera* créé par deux inconnus pour moi, Tim Rice et Andrew Lloyd Webber, m'éblouit. Je suis persuadé que les deux auteurs viennent du même monde que Claude-Michel et moi. L'œuvre traduit leur vision des sept derniers jours du Christ, présentés par le biais d'une suite de chansons rock, un mariage incongru qui vous engage émotionnellement. Leur façon de traiter les personnages, que l'on sent animés par des conceptions qui parlent d'hier en notes et en mots d'aujourd'hui, me parle très fort : je sors du théâtre en ébullition. Le bouleversement de *West Side Story* me revient à l'esprit ; je passe une nuit blanche, à marcher dans la 42e Rue entre les prostituées et les trafiquants de drogue me proposant leurs services sans succès.

Dans ma tête s'esquisse un premier schéma de ce qui pourrait être une réplique française de cette aventure anglaise, en débutant également par un concept album. Reste à trouver le sujet, l'essentiel. Lors de cette déambulation, le passionné d'histoire en moi me taquine : on pourrait raconter en chanson l'épopée d'un groupe de jeunes gens célèbres de notre âge...

Rentré à Paris, j'en parle tout excité à... Raymond Jeannot, mon compositeur attitré. Il adore l'idée, mais, très calme, me lance : « Et Claude-Michel ? Si c'est un *rock opera*, je ferai le rock et il composera la partie symphonique que tu imagines. » Une révolution est en marche !

Andrew Lloyd Webber, Yvonne Elliman,
Tim Rice, Londres, 1970

Louis XVI (Claude-Michel),
Marie-Antoinette (Franca Di Rienzo)
et leurs enfants, Palais des Sports, 1973

CHAPITRE 4
LA RÉVOLUTION FRANÇAISE

UNE RÉVÉLATION

ALAIN

Danton, Marat, Robespierre, Louis XVI... Les destins croisés de ces figures emblématiques forment le socle du premier opéra rock français. Le défi consiste à rendre légitime le mariage improbable de personnages historiques et d'une musique en partie rock et follement romantique par ailleurs, et faire en sorte que l'ensemble soit traité avec authenticité pour ne pas être perçu comme une absurdité. Je me prépare à appeler Claude-Michel, curieux et anxieux de la réaction à ce délire de ce lecteur assidu de Claude Manceron, qui prend soin, à chaque nouvelle parution d'un nouveau tome des *Hommes de la liberté*, d'acheter deux exemplaires pour m'en offrir un.

CLAUDE-MICHEL

Cet appel arrive à point nommé pour moi qui souhaite alors quitter Pathé-Marconi. Raymond Jeannot a déjà composé « Français, Français », l'hymne du tiers-état et des révolutionnaires auquel je n'ai rien à ajouter. Pendant que nous construisons la dramaturgie avec Alain, Raymond imagine un *french cancan* qui deviendra « C'est du beau linge, mon général » par Mme Sans-Gêne et Bonaparte. Je me lance avec enthousiasme dans les chansons de l'histoire d'amour tragique du couple fictif que nous avons imaginé, Isabelle de Montmorency et Charles Gauthier. Tous les week-ends, nous investissons la maison de la grand-mère de Raymond, à Lion-sur-Mer, et faisons le point sur nos avancées avant de les marier. C'est sur son vieux piano que je compose l'ouverture. Se partager ainsi la tâche me convient bien. Vingt-quatre moments historiques clefs entre les États généraux de 1789 et la Terreur en 1794 deviennent autant de chansons. Le travail se déroule de manière instinctive, dans une grande liberté et complicité. « Quatre saisons pour un amour » est composée dans mon bureau, « Le Procès du roi » lors d'une soirée chez Alain qui me convainc d'ailleurs de conserver cette chanson, que je veux supprimer car je trouve ses sonorités trop espagnoles.

ALAIN

L'écriture débute et le désir de collaborer moi aussi avec un autre auteur s'impose. J'appelle mon ami Jean-Max Rivière, dont j'adore les textes, entre autres, de « L'Amitié » pour Françoise Hardy et de « Un petit poisson » pour Juliette Gréco. Il accueille ma proposition avec enthousiasme. Cette plongée dans un monde nouveau l'excite. Nous avions collaboré sur un 45-tours adapté d'*Astérix*, il incarnait du haut de son mètre quatre-vingt-dix l'irréductible gaulois, et à l'occasion des passages télé, nous avions partagé de nombreux fous rires.

Nous révisons ensemble les grands moments, le meilleur et le pire de la Révolution française, analysons les motivations de ses héros, habités d'idéal, funambules sur le fil de leur vie, qui déclarèrent les droits de l'Homme au nom de l'humanité tout entière avant de sombrer dans la terreur et la cruauté des exécutions sommaires. Heureusement, les objectifs les plus bénéfiques ont survécu. Le lyrisme poétique de Jean-Max, mêlé à mes émotions enflammées sur le sujet, se marie naturellement aux musiques inspirées de Claude-Michel et Raymond pour aboutir à la création de vingt-quatre chansons. Dans cette collaboration à huit mains, Claude-Michel et moi rêvons aussi parfois au-delà de l'album. Toutefois, envisager un spectacle nous semble hors de portée, car notre légitimité dans le monde de la variété ne s'étend pas à celui du théâtre. Nous écrivons un album.

LE CONCEPT ALBUM

ALAIN

Nous parlons du projet à Franck Pourcel. L'idée d'une collaboration qu'il appelait de ses vœux l'enchante et il décide de coproduire le concept album qui nous dira si cette idée folle, en pleine vague disco, a un avenir. Le visuel du double album que Vogue distribue inclut une bande dessinée en son centre, qui a nécessité autant de soin et d'argent que l'enregistrement. Les Martin Circus, Antoine, les Charlots acceptent volontiers de participer à l'aventure. Le disque terminé, Yanou Collart, célèbre attachée de presse, décide d'organiser des pré-écoutes au cours de plusieurs soirées. L'enthousiasme à la suite d'une de ces séances parvient jusqu'aux oreilles de plusieurs radios qui choisissent alors de programmer « Chouans, en avant ! », chanté

Album *La Révolution française*

IL S'APPELLE CHARLES GAUTHIER (14 JUILLET… et fin)

DECLARATION DES DROITS DE L'HOMME ET DU CITOYEN (26 AOUT 1789)

Extraits de la bande dessinée incluse dans l'album

par Jean-François Michaël, qui devient un tube. Le double album de l'opéra rock sort enfin et remporte immédiatement un succès de ventes qui nous stupéfie tous.

Maritie et Gilbert Carpentier, grands réalisateurs de magnifiques émissions de variété, nous contactent pour leur grand show du samedi soir, mais ne nous donnent que quelques jours pour préparer un extrait. Nous constituons en hâte une troupe avec les artistes du disque et quelques amis acteurs débutants, dont Jean-Max et Raymond en figurants avec les secrétaires de la maison de disques en costumes d'époque. Ils chantent tous en play-back complet. Ce passage télévisuel fait d'un projet extravagant un objet populaire. Les ventes du disque explosent. L'étape suivante a lieu au Midem, le Marché international du disque et de l'édition musicale. Une compilation des airs principaux est présentée lors de la cérémonie d'ouverture. C'est un triomphe! Claude-Michel y joue le roi et Alain un noble qui regarde de haut, derrière un éventail, le reste de la troupe.

LE PALAIS DES SPORTS

ALAIN

Un événement imprévu vient parfaire le succès du disque. Roger Kreicher, le directeur artistique de RTL, m'appelle et m'exprime son souhait que ce disque devienne un jour un spectacle. Ma réponse est: « Avec plaisir, mais comment? » Avec mon accord informel, il cherche des financiers, une salle. Quelques semaines plus tard, on est en juin 1973, je suis en vacances pour une semaine dans le Midi quand je reçois un appel de Jean Serge, le directeur de la société Promotion et Spectacles d'Europe 1. Il m'informe qu'un grand spectacle prévu par la station en septembre au Palais des Sports n'aura pas lieu. Je ne vois pas où il veut en venir. Il continue: « Je sais que mon collègue de RTL a déjà échangé avec vous »; et il ajoute: « Mais nous, nous avons le financement et le Palais des Sports. On vous attend demain à Paris avec Maurice Siegel, le directeur général d'Europe 1, pour discuter des détails. » J'ai du mal à ne pas lâcher le téléphone et, abasourdi, lui rétorque: « Le disque n'est qu'une suite de vingt-quatre chansons. » Il répond: « Je connais vos rêves, je sais que Claude-Michel et vous êtes capables d'en faire un beau spectacle. » Finies les vacances !

Durant tout l'été, dans une ancienne abbaye de Sarlat, nous devinons, de façon purement instinctive, la nécessité d'écrire des récitatifs (à la manière mozartienne, *dixit* Claude-Michel) pour lier entre elles les chansons et faire avancer l'action à travers l'histoire d'amour entre Isabelle de Montmorency et Charles Gauthier. Puis, avec Raymond et Jean-Max, nous passons à l'écriture des textes et de la musique additionnels. Pendant cette gestation, Claude-Michel et moi comprenons notre grand intérêt pour la création de la structure d'une œuvre théâtrale chantée. Nous avons déjà quitté, dans nos têtes, le monde de la chanson de trois minutes pour celui de la comédie musicale. Nous analysons sans relâche tous les aspects dramaturgiques et musicaux en faisant déjà totalement confiance au jugement de l'autre. Est-ce la meilleure façon de procéder ? Nous découvrirons plus tard que, sans le savoir, nous appliquons les règles de travail des auteurs de comédie musicale anglo-saxons.

DANI FAIT LA REVOLUTION... en souvenir de son ancêtre !

Tout le monde le sait, la jolie chanteuse Dani, interprète le rôle de Mme Sans-gêne dans "La Révolution Française", le premier opéra rock Français, qui triomphe actuellement au Palais des Sports de Paris.

Mais ce que tout le monde ne connait pas, c'est la raison tout à fait spéciale qui a décidé Dani à être une des héroïnes de la "Révolution".

ELLE HESITAIT ENCORE

Lorsqu'au mois d'août, Dani fut sollicitée pour interpréter le rôle de Mme Sans-gêne dans la "Révolution Française", elle hésita un peu avant d'accepter. Bien sûr, sa voix gouailleuse et son sens matériel de la répartie correspondait tout à fait à l'esprit du personnage, mais l'idée de passer pendant 40 soirs d'affilée sur la scène du Palais des Sports l'inquiétait un peu. Elle qui tient par dessus tout à son indépendance, allait-elle supporter la discipline d'une troupe pendant aussi longtemps !

UNE EXTRAORDINAIRE DECOUVERTE

C'est alors qu'en rangeant des objets dans sa maison familiale, Dani fit une découverte étonnante. Trouvant par hasard un vieux tableau oublié depuis très longtemps au fond d'un placard, elle s'aperçut qu'il s'agissait d'un portrait de Marat. Le fameux révolutionnaire assasiné dans sa baignoire par Charlotte Corday. Ne comprenant pas la raison de la présence de ce tableau, elle questionna ses parents, qui lui apprirent qu'effectivement, elle était une descendante par alliance de Marat. Ravie de cette découverte, Dani s'empressa de suspendre le tableau de son "ancêtre" sur le mur de la salle de séjour. Désormais, elle ne pouvait refuser le rôle qui lui était proposé dans la "Révolution Française". Elle même, descendante de révolutionnaire, elle se sentait tout à fait prête pour son rôle. Et c'est ainsi que Dani, descendante de Marat, interprète tous les soirs avec enthousiasme et talent, une Mme Sans-Gêne, plus vraie que nature !

Magazine *Super Géant*, n°13

Grand homme de théâtre, Jean Serge pense à Jean-Louis Barrault puis à Georges Wilson pour la mise en scène. Mais rien ne se concrétise avec eux : elle est finalement confiée à Michel de Ré, connu sous les traits du Commandant X dans la série télévisée très populaire du même nom, mais qui possède l'expérience des grandes troupes, nécessaire pour ce genre d'aventure. Il se montre très à l'écoute et nous fait toute confiance pour le casting, au cours duquel nous sélectionnerons deux jeunes artistes talentueux, alors inconnus : Daniel Balavoine et Alain Bashung.

La Révolution française, Palais des Sports, 1973
Gauche : Joël Jovignot (Robespierre) et Alain Bashung (Foulquier-Tinville)
En haut à droite : Les Martin Circus (Les députés du tiers-état)
En bas à droite : Le clergé et Talleyrand (Michel Elias)

CLAUDE-MICHEL

L'entreprise s'avère colossale, nous jouons quarante jours d'affilée dans une salle de quatre mille places. Les techniciens se demandent bien quelle mouche nous a piqués pour faire chanter des personnages historiques : raconter la Révolution par une pièce traditionnelle leur aurait bien suffi. Mais l'énergie déployée par une troupe imposante — plus de cinquante artistes en costumes d'époque, dont les Martin Circus ; trente-sept musiciens dirigés par Jean-Claude Petit ; ce qui serait impensable aujourd'hui — convainc les plus sceptiques. Michel de Ré souhaite saisir cette démarche spécifique pour magnifier l'intrusion de la musique dans le spectacle. Le public en aura pour son argent.

Je me serais contenté de mon travail de compositeur, mais pour le disque et le spectacle, j'endosse le costume de Louis XVI. Je me fais donc décapiter chaque soir devant un public souvent en liesse ! Pour une représentation, je laisse ma doublure interpréter mon rôle et m'assois dans la salle. Je reste époustouflé par ce *happening* un peu improvisé, désorganisé et plein de bonne volonté. Parfois désarçonné devant une simple pantomime — le carrosse de Varennes en carton, soutenu par quatre figurants qui incarnaient les chevaux — parfois ébahi, notamment lorsque les Chouans finissent par arriver depuis le fond de la scène au terme d'un temps très étiré qui accentue l'intensité dramatique. Nous ne pensions pas remplir tous les soirs cette immense salle. Ma mère est venue assister au spectacle ; elle confie ce soir-là à Alain : « Prenez bien soin de Michel. » Même si, comme c'était la mode à cette époque, mes parents m'ont donné un prénom composé, ma mère ne m'a jamais appelé que « Michel ».

ALAIN

Je garde en mémoire la rencontre avec Robert Thominet, le directeur du Palais des Sports, qui me déclare un soir dans les coulisses : « Je viens de signer vos premiers chèques, vous allez *faire une belle embellie*. » Je le raconte à Claude-Michel, fraîchement guillotiné à sa sortie de

Mary Cristy (Marie Famine) et le peuple

scène, et nous comprenons que des droits d'auteur au théâtre vont peut-être nous permettre d'envisager un nouvel avenir, persuadés que le triomphe du Palais des Sports va nous ouvrir de nouvelles portes. Malheureusement, à la fin des représentations à guichets fermés et après une courte tournée, l'excitation laisse place à un vide abyssal. Nous retournons à la page précédente.

À la lumière de cette première expérience, nous savons que nos différences se fondent dans le creuset d'un désir commun, celui de réussir une comédie musicale sur le modèle de celles qui nous inspirent. Notre amour de la littérature, notre passion pour l'histoire et le cinéma nourrissent nos échanges. Intuitivement, nous avons compris une chose primordiale : pour nous, les mêmes mots veulent dire la même chose. Nous voilà, l'un né à Tunis, l'autre provincial breton, devenus amis, prêts à poursuivre la conquête d'un continent inconnu, mais lequel ?

Le palais des sports en révolution

Que font les membres de Martin Circus en révolutionnaires ? Ils interprètent « La Révolution française », le premier rock opéra français mis en scène par Michel de Ré, et actuellement présenté (jusqu'au 11 novembre) au Palais des Sports de Paris. Ils sont entourés de quatre-vingt-dix autres chanteurs, acteurs, danseurs et de trente-sept super musiciens, dirigés par Jean-Claude Petit. Ce spectacle « révolutionnaire » de deux heures devrait redorer l'image du spectacle français aux yeux des Anglo-Saxons...

81

Magazine *Salut Les Copains*, novembre 1973: Les Martin Circus

CLAUDE-MICHEL

Dans le but de nous consacrer à nos hypothétiques projets d'avenir, Alain a accédé à ma demande et m'a fait engager dans sa société. Depuis mon bureau dans ses locaux à Neuilly, ma porte est facilement reconnaissable, puisque je l'ai peinte en bleu, blanc et rouge en référence à *La Révolution française*. Je passe aussi du temps à jouer au baby-foot avec Errol, l'imprimeur des partitions. Le soir, il nous arrive souvent de faire des duels d'airs connus au piano. Je continue à produire en indépendant et je décide de composer de nouvelles chansons avec l'arrière-pensée de les chanter moi-même un jour.

ALAIN

Même si j'aurais préféré m'atteler à une autre comédie musicale, cette période de travail m'apporte son lot de plaisirs. Avec Jean-Pierre Bourtayre, compositeur de tubes pour Claude François, Michel Sardou et tant d'autres, j'écris, en collaboration avec Yves Dessca, la chanson du générique de la série Arsène Lupin, « Gentleman cambrioleur », pour Jacques Dutronc.

Inspirés par des aventures comme celles de Michel Fugain avec son Big Bazar, Raymond Jeannot et moi nous amusons à inventer un groupe, la Bande à Basile, à partir de l'idée de Raymond de produire une version disco-rythmique pure et dure d'une compilation des chansons du folklore français. Nous écrivons l'album *Les Chansons françaises*. En pleine vague disco américaine, la chanson éponyme sera disque d'or et le groupe demandé partout en gala, et nous de retour d'urgence au studio pour enregistrer leur premier album. Claude-Michel travaille avec nous puisqu'il mixe « La Chenille » avec Bernard Estardy, le preneur de son légendaire de la pop music française.

Peu après, Claude-Michel, qui a fini de composer douze chansons pour lui-même, en parle à Franck Pourcel et à moi, avant de nous en jouer quelques-unes. Il commence par « Le Premier Pas » : « *J'aimerais qu'elle fasse le premier pas / Je sais, cela ne se fait pas.* » Franck et moi nous regardons, conscients d'écouter là, au piano dans un petit bureau, une chanson qui marquera son temps. La société de Franck, les productions France Étoile, dirigée par sa fille Françoise, produira le disque, Vogue le distribuera et j'en suis le coproducteur artistique avec Franck et l'éditeur. L'énorme succès de la chanson, qui perdure encore, ne convainc pas Claude-Michel de faire une carrière sur scène et nous refusons les propositions qui affluent.

Nous partons cependant ensemble faire la promotion du disque à l'étranger et nous nous retrouvons en 1976 au Canada, où la chanson est déjà un hit, pour une tournée de médias en plein hiver. Un soir, sans prévenir, la comédie musicale revient nous faire du pied. Nous découvrons à la télévision dans une chambre d'hôtel de Montréal les Grammy Awards et une chanson de Stephen Sondheim: « Send in the Clowns », extraite de *A Little Night Music*, interprétée par Judy Collins. Sans même que nous puissions saisir toutes les nuances des paroles, une émotion extrêmement forte nous étreint. Que peut-il y avoir de si transcendant dans une chanson de théâtre pour qu'elle émeuve à ce point? Comment parvenir à ce degré d'intensité? Les émotions de *West Side Story* nous reviennent, nous prennent à la gorge. *La Révolution française* était une merveilleuse expérience, mais comment aller plus loin? N'étant ni Brel, ni Bécaud, ni Brassens, la variété n'est déjà plus notre avenir.

CLAUDE-MICHEL

Nous en revenons aux conversations que nous avions eues après *La Révolution française*. L'opéra a toujours tenu une place prépondérante dans ma vie. J'ai initié Alain à cet art en lui faisant partager mes coups de cœur. Comme à l'issue de nos nombreuses discussions passées, nous arrivons à la même conclusion implacable: il nous faut mêler les genres qui nous passionnent — la chanson populaire, le théâtre, la comédie musicale, l'opéra — en une œuvre. Mais laquelle? L'histoire de Jeanne d'Arc, un temps envisagée, n'aboutit pas. Il nous faut trouver l'étincelle. Une histoire qui donne envie de composer et d'écrire un nouveau « Send in the Clowns ».

ALAIN

Deux ans passent sans nouvelles de la muse des histoires. Pendant ce temps, ma vie professionnelle change brutalement. Une série de conflits internes m'amène à envisager de quitter le groupe Vogue; la séparation se passe mal et déclenche des procès injustifiés pour lesquels je suis guidé par les sages conseils de Maître Georges Kiejman, de Gilbert Marouani, le grand éditeur et ami, et de Robert Benmussa, le conseiller à la sagesse indispensable. Cette triste période aboutit à un compromis peu reluisant et je me retrouve seul, dans l'inconnu, sans salaire, ni bureau, ni voiture. Il me faut passer à autre chose, quitte à tout recommencer. Avec sa malice habituelle, Claude-Michel m'envoie un télégramme : « Félicitations pour ton premier jour de liberté ! » La violence de ma nouvelle situation se trouve tempérée par le hasard heureux de trouver un petit bureau en viager rue de la Trémoille, à proximité d'Europe 1 où j'ai tant de beaux souvenirs. Je décide de partir en Suède consulter mon ami Stig Anderson, le producteur d'ABBA devenu depuis numéro un mondial et dont les droits d'édition devraient théoriquement rester au groupe Vogue après mon départ. Stig me rappelle que le contrat d'édition avec cette société expire prochainement, m'incite à créer la mienne, et m'accorde immédiatement les droits d'édition des chansons d'ABBA pour les cinq prochaines années. Par les revenus que j'en tirerai, il me sauve la vie. Cette preuve de fidélité reste le plus beau cadeau de reconnaissance désintéressée que j'ai reçu dans cette profession.

Stig Anderson en 1977

Haut : Albery Theatre Londres
Bas : Fagin (Roy Hudd) et la troupe dans *Oliver!*, 1977

CHAPITRE 5
LA GENÈSE DES *Misérables*

UN VOYAGE À LONDRES

ALAIN
Les nouvelles éditions musicales qui portent mon nom me laissent du temps et je me rends souvent à Londres. En janvier 1978, le rideau se lève sur l'ouverture d'*Oliver!*, la comédie musicale de Lionel Bart d'après le roman de Charles Dickens *Oliver Twist*. Lorsque le jeune Oliver, un gamin de douze ans, réclame un supplément de soupe aux horribles garde-chiourmes de l'orphelinat qui l'a recueilli, commence une scène à la fois cruelle et drôle, merveilleusement résumée par la chanson « Food, Glorious Food » qui m'éblouit. Quand apparaît Artful Dodger qui prend Oliver sous son aile et lui chante « Considère-toi comme l'un des nôtres », sans réfléchir, je vois sur la même scène Gavroche, comme si j'assistais à deux spectacles en même temps. Les tortionnaires de l'orphelinat ressemblent aux Thénardier et Oliver vit l'enfance meurtrie de Cosette. Un maelström de sensations me traverse tandis que le spectacle se déroule sous mes yeux. Je suis assis dans ce théâtre, suivant parfaitement l'action d'*Oliver!* avec le lobe gauche de mon cerveau, tandis que le droit commence à imaginer un début de dramaturgie à partir de mes souvenirs de lecture. Valjean, Thénardier, Javert, Cosette, Fantine... Tous ces fantômes me visitent. Toujours durant la représentation, je me dis aussi que cette idée n'est que pure folie, mais je balaie cette pensée cartésienne la seconde d'après. La machine à rêver se remet en marche.

Haut : John Owen Jones (Valjean), Lucy Brushett (Cosette), Londres, 2005
Bas : Gavroche, dessiné par Victor Hugo

J'applaudis debout avec le reste du public cette représentation bouleversante et découvre dans le programme que le génial Lionel Bart en a écrit le livret, les textes et la musique. Claude-Michel et moi aurons le bonheur de le rencontrer en 1985 à Londres où il assistera à une représentation de nos *Misérables*. En attendant, je sors du théâtre très excité. Je le tiens peut-être le sujet de cet opéra moderne dont Claude-Michel et moi discutons depuis bientôt quatre ans... La chance a-t-elle rencontré le hasard ?

Mais que serait un rêve sans les doutes qui viennent régulièrement le torturer ? La balance dans ma tête oscille toute la nuit entre le positif et le négatif. Pourtant, dès le lendemain matin, je fonce dans une des librairies de Charing Cross Road spécialisée dans les ouvrages anciens. J'y trouve un exemplaire précieux des *Misérables* en français, mes doigts courent de chapitre en chapitre pour tenter de retrouver la caractéristique essentielle de chaque personnage. L'intrigue est encore vive dans mon esprit, les titres des chapitres me rappellent que le roman a d'abord été publié en fascicules séparés : Fantine, Cosette, Marius, Valjean, etc. Certaines phrases sont déjà des inspirations de chansons. Mais comment atteindre l'alchimie réussie par Lionel Bart à partir d'un roman aussi touffu sans en trahir le message universel ? La balance penche cependant de plus en plus dangereusement vers le positif. J'ai par nature une confiance instinctive dans la première impulsion, le premier enthousiasme qui vous emporte et vous guide, et qui survit à toutes les futures modifications de forme. On n'écrit pas une comédie musicale, on la réécrit sans cesse. Escalader l'Annapurna à mains nues, nous avons l'habitude !

Le suicide de Javert, illustration d'époque de François Flameng

Dans un premier temps je rédige un court synopsis en quatre actes. Claude-Michel n'est encore au courant de rien, car le doute me taraude toujours, surtout en pleine nuit. En rédigeant ce brouillon, je me sens un peu comme sur un voilier qui prend le vent, sans savoir où il va m'emmener. Je suis transporté par la puissance opératique de certaines scènes du roman que je relis, tel le suicide de Javert qui s'enfonce dans la Seine et disparaît dans la boue de ses propres erreurs, l'injustice dont est victime Valjean, l'obsession de Javert à le traquer, l'amour au premier regard entre Marius et Cosette. Je prends mon

Gaten Matarazzo (Gavroche) sur la barricade, New York, 2014

courage à deux mains et j'en parle à Claude-Michel.

L'ÉBAUCHE

CLAUDE-MICHEL

L'idée d'Alain provoque immédiatement mon enthousiasme. Je veux que nous commencions le travail immédiatement. Il durera deux ans. S'appuyer sur une telle œuvre patrimoniale a de quoi effrayer, mais nous sommes pugnaces – moi aussi, gravir l'Annapurna me motive ! – et rien ne peut arrêter nos innombrables échanges.

Nous devons avant tout cerner, façonner l'histoire à raconter. Chacun de notre côté, nous lisons l'œuvre à deux reprises afin d'en extraire ce qu'elle contient de plus opératique. Hugo a mis dix-sept ans pour l'écrire et aboutir aux mille cinq cents pages que nous connaissons aujourd'hui. De chaque élément que nous retenons doit naître une chanson, en formant un tout homogène. Nous sacrifions le récit de la bataille de Waterloo – Thénardier l'évoquera plus tard en quelques mots dans sa chanson « Maître Thénardier » – pour bâtir une structure plus solide, qui commence dans l'usine que dirige M. Madeleine.

Le livre présente de nombreuses redites qui rendent encore plus brillantes les lumières qu'il contient, telles les quarante pages de la descente aux enfers de Fantine. Ce sont dans ces anfractuosités de la prose hugolienne que se cache le signal à saisir : un moment qu'il nous faut conserver dans notre récit. Alain est obsédé par la phrase « J'avais rêvé d'une autre vie ». Nous ignorons à ce stade si elle deviendra une scène chantée ou une chanson. J'ai le souvenir que, dans *Parsifal*, au milieu d'un tunnel ennuyeux, arrive soudain une aria de quelques minutes qui éclaire l'ensemble. À la différence de cet opéra, nous tenons à ce que le public ne connaisse pas la moindre minute d'ennui.

LA QUÊTE

Le livret est le premier résultat de nos interminables discussions. Le document ressemble au premier « traitement » d'un scénario de film. Y figurent tous les éléments majeurs de l'histoire et parfois la forme que prendra la musique à des moments décisifs, ou le titre d'une future chanson. Nous sommes déjà à la recherche d'un équilibre organique entre l'histoire, qui fait avancer l'action, et la musique à venir. De la tragédie aux scènes comiques en passant par les moments romantiques, chaque nouvelle proposition est soumise à l'autre et doit rencontrer son approbation totale. Nos échanges sont directs, francs et nous permettent de progresser à l'unisson. À ce stade, rien n'est figé : la future mise en musique et en paroles de chaque séquence n'est encore qu'une suite d'idées qui expriment les prémices d'émotions

John Owen Jones (Valjean) et Kerry Ellis (Fantine), Londres, 2005

Anne Hathaway (Fantine) dans le film de Tom Hooper, 2012

et d'états d'âme qui donneront, nous l'espérons, l'envie à un public de voyager avec nous pendant deux heures d'une expérience totale.

Prenons l'exemple de la scène d'ouverture, l'usine : la décision est prise de situer l'action à la fin d'une journée de travail, quand l'épuisement et les inimitiés culminent. Dans la même scène, avec des ruptures du même thème musical, Claude-Michel sait déjà qu'il intégrera la lettre reçue par Fantine qui déclenche la dispute entre elle et la cheffe des ouvrières, l'intervention du contremaître puis l'arrivée de M. Madeleine avant la reprise du refrain, chanté cette fois avec cruauté à l'adresse de Fantine, devenue le mouton noir de l'usine, qui aboutit à son renvoi, la replongeant dans la misère de son inexorable destin.

ALAIN

Nous posons les fondations, puis chaque nouvelle idée de chanson apporte une pierre à ce fragile édifice. Jusqu'à l'achèvement du livret, chaque petit changement menace de déséquilibrer l'ensemble, voire de le faire chuter. La traque du fugitif Valjean par le policier Javert contient la matrice du malentendu qui conduit à l'antagonisme viscéral d'un être pour un autre. Qui a tort, qui a raison ? Où est le bien, qui est le mal ? Nous décidons de suivre les personnages principaux dans l'ordre de leur entrée dans l'histoire. Nous choisissons de traiter les Thénardier avec un humour très noir, sans amoindrir leur cruauté tragique. Leur fille Azelma disparaît au profit de la

Samantha Barks (Éponine) et Nick Jonas (Marius), Londres, 2010

seule Éponine, l'héroïne malheureuse en miroir et en contrepoint de Cosette qui reçoit en cadeau de la vie l'amour total de Marius. L'heure est venue pour Claude-Michel de s'isoler pour composer le premier quart d'heure de musique, à partir de ce livret très détaillé que nous avons construit ensemble.

CLAUDE-MICHEL

Il est possible d'écrire une chanson au volant de votre voiture, l'inspiration légère vient, s'en va puis revient. Rien de tel pour ce travail qui convoque un autre type d'inspiration : il faut la puiser loin en soi. Elle demande une vision intérieure de la globalité de la musique. Je travaille beaucoup par reprises, par exemple en réutilisant et en modulant l'introduction d'un air pour une chanson qui intervient plus tard dans l'intrigue. Ce type de travail se traduit par de nombreuses heures que je passe enfermé avec mon piano. Je ne compte plus les journées du matin au soir ; ma femme me hurle dessus pour que je vienne dîner ! Quand je plaque un accord, ce n'est pas pour faire joli. Parfois d'ailleurs j'utilise mes poings... Rien d'académique donc. Comme je ne connais rien au solfège, dès qu'un air me semble abouti, je l'enregistre sur une mini-cassette. J'entends l'orchestre dans ma tête, je n'ai nul besoin des paroles pour composer. Une fois que je tiens le premier quart d'heure, soit de l'usine jusqu'à la mort de Fantine, nous nous retrouvons avec Alain.

ALAIN

C'est toujours une phrase musicale qui m'inspire pour capturer un personnage en quelques lignes, comme les premiers traits d'un pinceau qui donnent naissance à un tableau. Tous les sentiments et les émotions qui se dégagent du roman sont devenus des notes, des mélodies qui naissent sous les doigts de Claude-Michel et déclenchent en moi les premières paroles des scènes majeures ou des futurs grands airs. J'imagine les paysages, les lieux, les odeurs, je deviens à tour de rôle tous les personnages de l'histoire, me glisse à l'intérieur de leur corps, quel que soit leur sexe, jusqu'à atteindre leur cœur, en espérant entendre leur âme.

AU TRAVAIL

CLAUDE-MICHEL

Notre projet de théâtre intégralement chanté contient des moments d'introspection qui jusqu'à présent, au théâtre musical, pouvaient être traités, mais de façon bien plus légère que ce que nous envisageons. Nous les intégrons dans un livret et une partition qui ne doivent pas laisser le moindre répit au spectateur, comme la poursuite sans relâche de Javert sur les traces de Jean Valjean. Pour bâtir cet édifice, nous nous appuyons sur notre instinct et notre savoir en matière d'opéra et de littérature, mais sans appliquer aucune règle de la

Norm Lewis (Javert), New York, 2006

comédie musicale, puisqu'elles nous sont inconnues. Cela nous a sans nul doute libérés d'un poids. La flamme qui nous anime aurait pu facilement vaciller si elle s'était trouvée dans les courants d'air de règles à respecter. Rapidement, il nous apparaît que le public doit oublier que les personnages chantent. Ce qui peut sembler paradoxal reflète toutefois notre définition d'une œuvre totale.

Les divers éléments entrent dans une osmose telle que la musique, le chant s'effacent. Ils sont perceptibles, mais l'émotion que doit dégager le spectacle va au-delà.

ALAIN

Je me promène dans les quartiers de Paris où les bagnards enchaînés, en route pour le bagne de Toulon, passaient devant la foule – une image qui avait profondément marqué Hugo. Je consulte la documentation sur les rues parisiennes de l'époque pour m'aider à me représenter la barricade rue de la Chanvrerie, imaginer Gavroche courir sur le pavé, trouver à quoi pouvait ressembler la rue Plumet. Affolé par l'immensité des possibles en termes d'écriture, et par peur de dénaturer la prose protéiforme du grand poète, je me cherche un nouveau complice. Franck Pourcel me conseille de collaborer avec son ami proche, le poète Jean-Marc Natel, que j'avais déjà rencontré à plusieurs reprises et avec qui j'avais noué des liens amicaux, mais qui n'avait jamais écrit de chanson. Le défi m'intéresse. Avec Jean-Marc, nous passons des semaines étranges et créatives au Sofitel de Quiberon. Nous parlons de mille autres choses avant d'écrire une seule ligne avec ce personnage à l'accent toulonnais, toujours entre rébellion anti-sociale et dépression chronique. Je lui explique comment on met des notes sur la musique, la dictature du nombre de pieds, etc. Il me jette des phrases poétiques que lui inspirent mes premiers brouillons, et je lui en lance d'autres tout en le ramenant régulièrement à la structure du livret. Le résultat de cette relation devenue fusionnelle aboutira aux textes de la version de 1980 des *Misérables*.

Ramin Karimloo (Enjolras) sur la barricade, Londres, 2004

CLAUDE-MICHEL

La fin du premier acte pose une difficulté technique. En effet, nous décidons que ce moment doit avoir la même complexité musicale, harmonique et polyphonique qui nous avait éblouis dans *West Side Story*, lorsque la reprise de « Tonight » en « Tonight (Quintet & chorus) » mélange divers thèmes précédemment entendus. Il nous faut trouver le moyen de faire comprendre au spectateur ce qui se passe simultanément dans la tête de tous les personnages regroupés sur scène, en réutilisant le thème musical de chacun d'eux. C'est en mettant de l'ordre dans ce grand embouteillage que naît une chanson phare des *Misérables* : « Le Grand Jour ».

ALAIN

Au bout de presque deux ans, nous obtenons un résultat qui nous plaît. La musique et les paroles, chantées par Claude-Michel, tiennent sur une cassette qui ne demande qu'à être écoutée… Je réalise que j'ai quitté le confort de ma vie précédente, persuadé alors d'avoir tout perdu pour un avenir incertain ; la vérité est que j'ai quitté miraculeusement le groupe Vogue avec une seule idée dans la tête, qui n'était qu'un rêve, et que le futur de ma vie tient aujourd'hui dans cette petite cassette en plastique.

La barricade, Melbourne, 2014

Colm Wilkinson (Valjean),
New York, 1987

Fabrice Ploquin (Gavroche),
Marie-France Roussel (Mme Thénardier),
Robert Hossein, Maurice Barrier (Valjean),
Palais des Sports, 1980

CHAPITRE 6
ALBUM ET PALAIS DES SPORTS

RENÉ, ROBERT, JOHN ET LES AUTRES

Sans fausse modestie, nous sommes impressionnés par ce que nous sommes parvenus à créer jusqu'ici. Des ailes nous poussent, il est certain que de grands noms du théâtre vont, à leur tour, être séduits par cette bande-démo et vouloir à tout prix monter *Les Misérables*. Nos ailes sont vite repliées : personne ne nous rappelle. Nous n'avons pas d'autre choix que de faire preuve de pugnacité. Impossible d'en rester là. Un homme va jouer un rôle capital : René Cleitman, le nouveau directeur des programmes d'Europe 1, avec lequel nous avons déjà un rapport très amical. Il écoute notre bande et considère que nous tenons là une œuvre majeure, qui pourrait rencontrer un vaste public si le « dieu des grands spectacles », Robert Hossein, qui vient de triompher avec *Potemkine* puis *Notre-Dame de Paris,* acceptait de la mettre en scène. Il nous apprend en même temps que le spectacle de rentrée du Palais des Sports est annulé. C'est la deuxième fois que le destin nous envoie le même signal. René provoque immédiatement un rendez-vous, durant lequel nous sommes pour le moins fébriles. Robert écoute l'intégralité de la cassette ; c'est bien la seule fois que nous l'aurons vu absolument silencieux pendant plus de deux heures d'affilée ! Après le dernier accord de musique, il nous regarde : « C'est un opéra que vous avez fait là, les p'tits gars, comme *Le Consul* de Menotti ! » Nous acquiesçons, même si nous ne connaissons pas du tout l'opéra dont il parle. Les secondes s'étirent… puis il lâche : « Je vais vous le faire. » L'équipe de production de *La Révolution française* se reforme : Europe 1, ALAP (Agence littéraire et artistique parisienne, émanant du parti communiste), production Palais des Sports.

ALAIN
Ma nouvelle société s'associe à Europe 1 pour la production d'un concept album destiné à faire découvrir notre futur spectacle. Nos amis Jacques Revaux et Régis Talar, propriétaires des disques Tréma, acceptent immédiatement de le distribuer. Il nous faut trouver un orchestrateur. Un célèbre producteur britannique, Mickie Most, dont je représente en France la maison d'édition – et qui m'avait donné « Don't Play Your Rock'n'Roll for Me » chanté en français par Johnny Hallyday – nous présente John Cameron. Ce dernier nous impressionne non seulement car il dispose des connaissances techniques de l'orchestration des chansons pop, mais aussi parce qu'il a composé des musiques de films et, surtout, c'est un passionné de comédie musicale. Il arrive à Paris en plein hiver, habillé d'un costume d'été en lin blanc…

CLAUDE-MICHEL
Un Anglais pas du tout snob, plutôt grand amateur de bière, rigolard. Le courant passe immédiatement. Nous le laissons libre puisque, dans le domaine de la comédie musicale, il a plus de choses à nous apprendre que l'inverse. Il travaille énormément sans que son enthousiasme ne faiblisse. Les orchestrations nous enchantent.

ENREGISTREMENT

CLAUDE-MICHEL
Quand nous enregistrons la partie orchestrale dans le studio CTS adossé au stade de Wembley, John Richards, grand preneur de son, nous prend pour des fous. Une comédie musicale française ? Contradiction dans les termes ! Nous ramenons les bandes magnétiques en France en catimini car, à l'époque, il faut tout déclarer à la douane, y compris l'enregistrement, puisqu'il apporte une valeur ajoutée. Heureusement, nous ne nous faisons pas piquer !

Jacques Revaux demande à Michel Sardou de participer à l'album. Celui-ci nous fait le cadeau d'endosser le rôle d'Enjolras et de chanter « À la volonté du peuple ». Rose Laurens, la Piaf du rock'n'roll, bouleverse tout le studio avec « J'avais rêvé d'une autre vie ». Adamo et Michel Delpech acceptent notre invitation pour « Souviens-toi des jours heureux ». Mireille, la défricheuse de talents du « Petit Conservatoire de la chanson », très populaire à la télévision à cette

Cosette : Fabienne Guyon
Javert : Jean Vallée
Éponine : Marianne Mille
La troupe
Extraits du programme du spectacle

époque, interprète, terrifiante, « Les beaux cheveux que voilà. » De jeunes artistes rejoignent l'aventure, comme Fabienne Guyon qui incarne Cosette face à Marius, Richard Dewitte, du groupe Il était une fois. Seul Jean Valjean manque à l'appel… À trois semaines de la sortie du disque, malgré nos recherches incessantes, nous ne l'avons toujours pas trouvé. C'est René Cleitman qui nous suggère alors d'écouter Maurice Barrier, un remarquable acteur qui aurait la carrure du personnage mais… sait-il chanter ?

CLAUDE-MICHEL

Maurice est assis au piano à côté de moi. Il entonne *« Oui, je viens pour emmener Cosette »*, extrait de « Valjean chez les Thénardier ». L'extraordinaire frisson de la première impression augmente au fur et à mesure qu'il chante le reste du rôle. Maurice travaille à l'instinct, car il n'a pas entendu l'intégralité de la musique. Je lui demande de venir au studio dès le lendemain pour enregistrer les parties de Jean Valjean, laissées vides dans le reste des prises de son de l'enregistrement pratiquement terminé. Maurice Barrier est le miracle de cette production.

Nous devons également trouver un visuel pour le disque et pour le spectacle. Un dessin d'Émile Bayard, qui a illustré le roman lors de sa parution, nous plaît instantanément : celui de Cosette enfant tenant son

Maurice Barrier

Le concept-album

balai. Nous le mettons en bas à gauche de la pochette toute blanche, dans un halo de lumière, comme si le personnage était sur scène éclairé par

Pochette du single de Fabrice Bernard

une poursuite. Robert Hossein aime le dessin, mais pas le halo. Il nous conseille de ne pas être timides et de placer Cosette au centre, ce que nous faisons. Le disque sort alors que le spectacle est déjà en préparation. L'extrait « La Faute à Voltaire » interprété par Fabrice Bernard (Gavroche) est sur toutes les lèvres. Michel Drucker est le premier à nous inviter, avec Rose Laurens, dans son émission, et son soutien indéfectible pour *Les Misérables* ne s'interrompra jamais tout au long des années, ni sur d'autres projets.

PALAIS DES SPORTS

Le casting de la future troupe commence à la suite d'une annonce d'Europe 1 : des dizaines de postulants se présentent, à une époque où aucune école spécialisée dans ce genre de spectacle n'existe encore. Il nous faut bien sûr remplacer les vedettes invitées du disque et distribuer une troupe de scène. Au mois d'août, les répétitions débutent dans un climat de fièvre créatrice. L'inconscience joyeuse de *La Révolution française* laisse place à une recherche plus approfondie. Tout n'est pas simple car, même si nous en avons entendu parler, vivre les colères homériques de Robert Hossein s'avère un réel défi !

CLAUDE-MICHEL

La première, le 17 septembre 1980, laisse présager un réel succès, si ce n'est que nous avons eu la peur de notre vie ! Un ingénieur anglais a mis au point une sonorisation parfaite avec de petits micros habilement dissimulés dans les cheveux et reliés à la régie par un système sans fil. Nous sommes les premiers à l'utiliser en France. Jongler avec tous ces micros, qui doivent être tantôt ouverts, tantôt fermés, relève de la haute voltige et nous n'avions pas prévu que d'épouvantables interférences

Haut : Rose Laurens (Fantine) et les ouvrières
Bas : Rose Laurens (Fantine)

nous empêcheraient de débuter la représentation. Je vois le moment où nous devrons annuler. Fort heureusement, l'équipe du son, après d'interminables minutes, parvient à maîtriser la situation. Le public, d'une patience à toute épreuve, entend enfin les premières notes.

Au bout d'une centaine de représentations triomphales, nous sommes obligés de rendre les clefs du Palais... Une tournée se dessine, mais Robert Hossein refuse de voyager. De nouveau nous nous retrouvons tout en bas de la montagne. Les fées françaises sont facétieuses : elles nous font miroiter monts et merveilles, puis Carabosse s'amuse à tout nous retirer. Deux années se passent, sans aucun frémissement artistique ou créatif après la dernière.

ET APRÈS ?

CLAUDE-MICHEL

Je me remets à produire les albums de Franck Pourcel, « Bonjour la vie » de Gilbert Bécaud, et toujours les nouveaux albums de Thierry Le Luron. Toutefois, ma situation financière se détériore, à tel point que je pense déménager pour une maison plus petite.

ALAIN

Moi, je recherche une nouvelle formule magique. Un jour, tandis que je descends les Champs-Élysées en voiture vers mon bureau, j'associe la formule abracadabra à ABBA, dont je suis toujours le représentant en France et l'ami. Abracadabra se transforme alors dans ma tête en Abbacadabra. Peut-être tiens-je là le sujet d'une comédie musicale pour enfants ? Le groupe sait que j'ai toujours trouvé leur musique et leurs chansons très théâtrales. Stig Anderson est amusé par l'idée et en parle à Björn et à Benny qui donnent leur accord. Ce sera le conte de fées de tous les contes de fées dont les personnages n'appartiennent pas à Disney mais sont dans le domaine public. J'ai vite fait le tour et rédige l'histoire de quatre enfants, deux garçons et deux filles, comme les ABBA, qui voyagent par magie dans les univers de chacun de ces contes dont les personnages vont se rencontrer. Je décide de collaborer avec Daniel Boublil – aucun lien de parenté –, le premier auteur de Catherine Lara, dont l'humour caustique me semble un parfait complément de mes intentions pour ce projet. Ainsi, lors d'une nuit d'écriture arrosée, « Money, Money, Money » devient

« Mon nez, mon nez », la chanson de Pinocchio chantée par Plastic Bertrand. J'invite Fabienne Thibeault en Blanche-Neige, Maurice Barrier en Barbe-Bleue et Frida elle-même, qui accepte avec enthousiasme d'incarner la Belle en duo avec Daniel Balavoine, le Prince de l'histoire. Celui-ci est devenu un ami proche pendant les dix ans qui nous séparent déjà de *La Révolution française*. Les quatre enfants sont chantés par le futur groupe Abbacadabra, dont Clémentine Autain à douze ans (aujourd'hui en politique), en alternance avec Léa Drucker au même âge. La comédie musicale devient un disque à succès et une émission de télévision en épisodes diffusée pendant la période de Noël 1983 sur TF1.

Les fées s'en mêlent. Nous ignorons que pendant ce temps, les fairies britanniques, elles aussi, s'occupent de notre avenir.

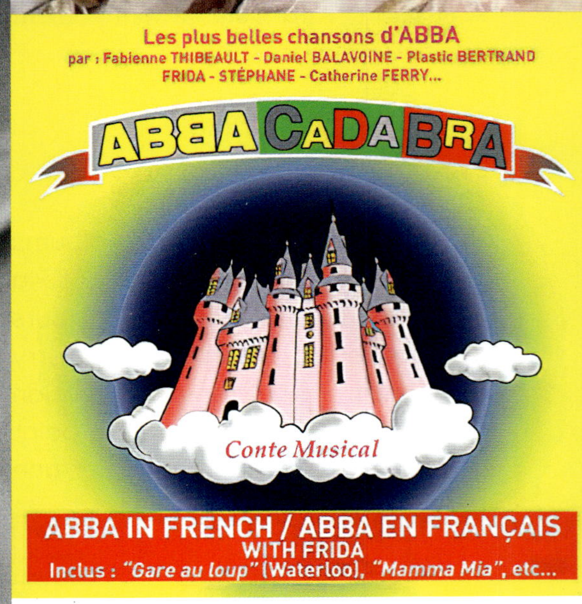

Gauche : Plastic Bertrand incarne Pinocchio
En bas à droite : L'album *ABBAcadabra*
En haut à droite : Daniel Balavoine et Frida

CHAPITRE 7

SIR CAMERON MACKINTOSH, LA VOCATION FAITE HOMME

UN APPEL D'ANGLETERRE

Peter Farago, un jeune metteur en scène enthousiasmé par *Les Misérables* vus au Palais des Sports, rêve d'en monter sa propre version dans le théâtre qu'il dirige à Birmingham. Il nous contacte en 1982. Trop heureux, nous lui donnons un accord verbal de principe. Il prend vite conscience que le défi lui est impossible à relever et se tourne sans nous en parler vers un producteur qui vient de connaître un énorme succès avec *Cats*: Cameron Mackintosh, auquel il a remis l'album français pour qu'il l'écoute. La fée du rangement entre alors en scène. En mettant de l'ordre dans sa discothèque, plusieurs semaines plus tard, Cameron, qui n'y pensait plus, pose par curiosité *Les Misérables* sur sa platine. Il s'attend à bien s'amuser avec cette comédie musicale *made in France*. Ce jeune producteur fougueux est la vocation faite homme, il agit à l'instinct. Il n'est pas allé à l'école très longtemps mais connaît tout de l'histoire de la comédie musicale anglo-saxonne depuis ses origines, et il sait surtout ce qu'il a envie de voir sur une scène de théâtre chanté. Ses préjugés s'effondrent après avoir entendu « J'avais rêvé d'une autre vie » par Rose Laurens. Il avouera n'avoir jamais rien entendu de tel. Sa décision est prise de nous rencontrer. Il obtient le numéro de téléphone de la société d'Alain à Paris.

Au restaurant Le Bernardin de Gilbert et Maguy Le Coze, amis d'enfance bretons de Claude-Michel, Cameron nous déclare sans préambule : « Vous ne réalisez pas ce que vous avez écrit. *Les Misérables* seront mon prochain projet, même si je n'ai pas encore écouté le disque jusqu'au bout. Mon intuition me dit le long chemin qu'il va falloir faire ensemble, et ce que cette œuvre va devenir. » Nous nous jaugeons, découvrons qu'il est, comme nous, un fervent croyant en la force du premier instinct et qu'il nous considère comme les seuls détenteurs de la première impulsion qui a abouti à l'œuvre qu'il a partiellement écoutée. Sa profession de foi et la force de conviction qui l'anime résonnent fortement celle qui nous stimulait quelques années plus tôt, lors de nos premiers échanges autour de l'écriture.

L'affiche de *Oliver!*, 1977

Nous apprenons qu'à l'âge de douze ans Cameron a vu, accompagné par sa tante, une représentation d'une pièce chantée, *Salad Days*, et a décidé ce jour-là qu'il serait producteur de comédies musicales, la forme théâtrale majeure en Grande-Bretagne. Son premier travail, à quinze ans, fut ouvreur au théâtre royal Drury Lane, où sera présenté en 1989 *Miss Saigon*. Nous apprenons qu'il était le producteur d'*Oliver!* qui a déclenché la naissance des *Misérables*. Nous lui racontons l'histoire. Il est stupéfait et il enchaîne, d'autant plus excité. Pour la mise en scène, il a déjà jeté son dévolu sur deux membres de la Royal Shakespeare Company (RSC) : Trevor Nunn et John Caird. Le premier a mis en scène *Cats* et ensemble, ils viennent de signer un succès : l'adaptation de *Nicholas Nickleby* une pièce qui dure huit heures et demie, scindée en deux parties et inspirée d'un autre roman de Charles Dickens. Trevor, alors directeur artistique de la RSC, fait adopter notre projet par la vénérable institution, que nous pourrions comparer à notre Comédie-Française, moyennant le versement de *royalties* sur la production originale. Certains membres de la RSC voient toutefois d'un mauvais œil l'intrusion d'une comédie musicale, une incongruité dans le répertoire shakespearien, qui plus est co-produite par Cameron Mackintosh, de plus en plus une force majeure du circuit commercial dans le West End, le quartier des théâtres de Londres.

Nous comprenons que Cameron a déjà réfléchi à de nombreux aspects de la production. Nous sommes des artisans qui souhaitons voir notre travail prospérer, mais nous restons un peu méfiants. Il le sent et assure : « Ce que vous avez écrit est tellement différent de tout ce que j'ai entendu jusqu'à présent que, afin que votre style soit conservé, je veux que vous participiez à toutes les étapes de la traduction, de la réécriture et de la conception du nouveau spectacle. » Cette proposition est très inhabituelle en Angleterre où on achète les droits d'auteur étrangers pour en prendre le contrôle total dans le pays d'adaptation, et en particulier en langue anglaise. « En contrepartie, ajoute-t-il, vous devrez être disponibles pour venir à Londres à tout moment pendant les deux ans qui viennent jusqu'à la première ». Il voit les choses en grand et compte bien faire de cette comédie musicale un succès international. Nous voilà assurés d'avoir un contrôle artistique total, conscients que nous avons tout à apprendre puisque, jusqu'à présent, nous avons travaillé de manière empirique, inspirés par nos œuvres de référence, à commencer par *West Side Story*. Pour ce nouveau concept qui passe par la réécriture du livret, dans une langue qu'il ne parle pas, Jean-Marc Natel se retire bien volontiers avec la part qui lui revient sur son apport à ce qui sera conservé dans le futur projet. Nous comprenons vite qu'il manque divers ingrédients à notre première version, ce qui en restreint sa portée. Transférée en l'état à Londres, elle ne tiendrait l'affiche qu'un temps limité et serait considérée comme une simple curiosité.

Entre Cameron et nous est née très vite une relation qui nous amène naturellement, sans réserve ni arrière-pensée, à décider à trois ce que nous avions jusque-là l'habitude de décider à deux, et toujours à l'unanimité. Au-delà de nos différences, nous sommes du même terreau.

ALAIN

Après ce déjeuner invraisemblable, je conduis Cameron à mon bureau, parce qu'il avait des appels à passer. Toujours à fureter du regard, il voit la pochette d'*Abbacadabra*. Nous entamons une autre discussion à ce sujet. Il s'étonne que le groupe le plus mondialement célèbre ait accepté que je crée une œuvre à partir de leurs tubes. Je lui explique ma relation privilégiée avec eux et il est déjà en train de me demander s'il est possible de monter une version anglaise à Londres, à la fin de cette même année. De mon téléphone, il appelle Peter James, le directeur du Lyric Hammersmith Theatre, et lui annonce : « J'ai ton spectacle de Noël, il va sortir de l'ordinaire. » Trois semaines plus tard, Björn et Benny arrivent de Suède pour me retrouver à Londres et acceptent d'écrire une chanson inédite à ma demande alors que nous procédons au casting anglais. Cameron a engagé un auteur de livres pour enfants pour compléter le livret avec moi. *Abbacadabra* est programmé au Lyric pendant huit semaines avec en tête d'affiche Elaine Page, vedette du West End, et y rencontre un beau succès. Prenons cela comme une mise en bouche, car les choses

Abbacacabra au Lyric Theatre, Hammersmith, 1983

sérieuses débutent immédiatement après pour *Les Misérables*...

LES MIS

Nous découvrons toute une organisation spécialisée dans la comédie musicale, inexistante en France, et nous nous sentons comme des stagiaires au milieu d'une ruche du théâtre chanté. D'étudiants doués, les Anglais font de nous des professionnels respectés. Nous sommes considérés dès le premier jour par ces spécialistes comme leurs pairs. Nous assimilons vite, apprenons de nos erreurs, distinguons ce qu'instinctivement nous avons réussi de ce qui doit être revu. Cette formation accélérée, qui s'étale sur deux ans, nous fait espérer que nous

James Fenton, 1985

allons peut-être enfin trouver notre place dans une profession vouée à la réalisation de nos rêves.

James Fenton, un poète aussi brillant que Keats, se joint au projet. Avant toute chose, nous remettons en cause la structure du livret, l'étape qui nous passionne le plus. Il nous fait découvrir ce qui manque : une séquence de départ, indispensable, qui raconte le calvaire de Jean Valjean depuis le bagne de Toulon jusqu'à sa transformation en M. Madeleine et qui invite ainsi dans cette histoire un public peu familier du roman de Victor Hugo.

CLAUDE-MICHEL

Voilà un défi musical qui m'enchante. Je m'emploie donc à composer ce prologue qui présente Valjean libéré du bagne par Javert, sa liberté conditionnelle contraignante, le vol de l'argenterie puis le rebondissement primordial, un pivot de l'intrigue : l'évêque, au lieu de l'accuser du larcin, lui offre les chandeliers. Cet acte de bonté place Jean Valjean sur le chemin de sa rédemption. Durant ce prologue de dix minutes, j'utilise des airs que l'on retrouvera plus tard dans la partition. Ainsi le thème d'ouverture est celui de « Donnez, donnez » dans la version originale. Je compose le thème de l'évêque, que je réutilise plus tard pour « Empty Chairs at Empty Tables » (« Seul devant ces tables vides »). À la fin du prologue et de son soliloque, Valjean choisit de faire le bien et termine sa chanson par : « *Ici commence une autre histoire.* »

ALAIN

La première traduction des paroles par James Fenton, pour magnifique qu'elle soit, ne convient pas à une telle production, d'après Cameron et Trevor Nunn. Sa poésie est brillante, mais je commence à comprendre que, comme pour certains des textes que j'ai coécrits avec Jean-Marc Natel, elle limite la portée de la pièce car elle fige l'action et fait parler les personnages d'une même voix, alors que dans une pièce de théâtre parlée ou chantée, ils doivent avoir chacun leur style d'expression propre, avant même que les acteurs y apportent la singularité de leurs interprétations. Au bout d'un an de travail, James quitte l'aventure.

C'est l'heure pour Herbert Kretzmer d'entrer en scène, sur la recommandation de Tim Rice, l'auteur de *Jesus Christ Superstar* et d'*Evita*. Journaliste au *Daily Mail*, il a traduit en anglais plusieurs chansons pour Charles Aznavour, dont « Hier encore » (« Yesterday When I Was Young »), particulièrement connue, et coécrit avec lui « She », qui a fait le tour du monde. Il dispose d'une expérience dans la comédie musicale, est un bourreau de travail et trouve vite sa place, apportant un nouveau souffle au projet. Il ne reste que quatre mois avant la première, il lui faut mettre les bouchées doubles.

Séance de travail à Londres entre Claude-Michel, Alain et Herbert Kretzmer

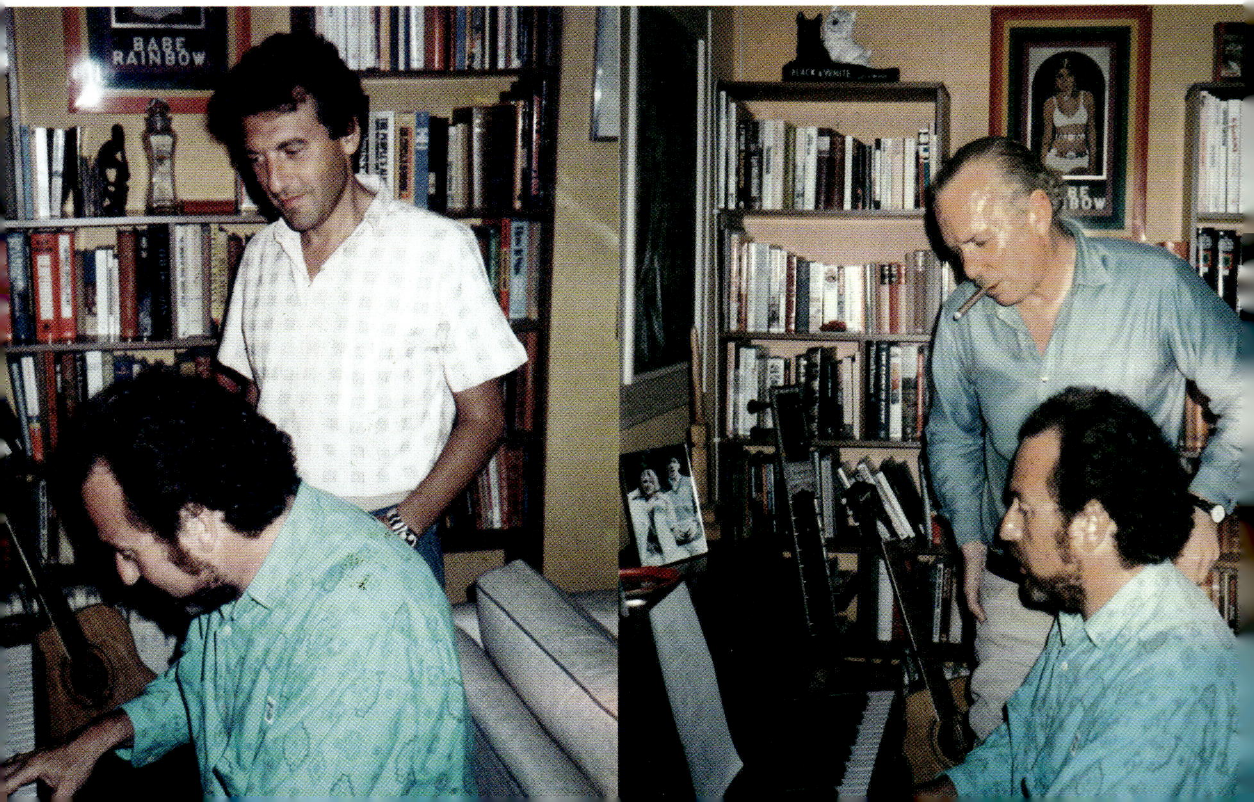

Il fait preuve par moments d'une audace que je m'étais interdite, freiné sans doute par un trop grand respect du texte de Victor Hugo. Lui sait s'en détacher quand c'est nécessaire, et je retiens la leçon.

Frances Ruffelle (Éponine), Londres, 1996

CLAUDE-MICHEL

John Caird passe aussi de longues heures avec Herbert, peu à l'aise avec la langue de Molière, pour lui expliciter le texte français, mais nous nous trouvons parfois face à des problèmes inattendus — comme la différence du nombre de pieds entre les paroles françaises aux terminaisons féminines et le même vers qui se termine en anglais une syllabe plus tôt. Des tensions surgissent car il est demandé que la musique soit modifiée en conséquence. Or, toucher à la fragile arche de la partition peut la faire s'effondrer.

À la suite des réunions quasi quotidiennes avec Cameron, Trevor et John pour discuter de cette nouvelle conception du spectacle, nous bousculons l'ordre des scènes et même l'attribution des chansons. Selon les critères anglo-saxons, il n'est pas concevable que Fantine chante deux airs importants, « L'Air de la misère » et « J'avais rêvé d'une autre vie », à seulement quelques minutes d'intervalle. Nous insérons donc certaines mesures de « L'Air de la misère » dans « La Mort de Fantine » et, en poussant plus loin la réflexion, « L'Air de la misère », d'abord attribué à Fantine, devient celui d'Éponine au deuxième acte, rebaptisé « Mon histoire » (« On My Own »).

ALAIN

Herbert prend conscience que, dans la première phrase de « J'avais rêvé », se trouvent à la fois le début et la fin de la chanson. « *J'avais rêvé d'une autre vie / Mais la vie a tué mes rêves.* » J'avais, en ce sens, respecté l'intention de Victor Hugo. Nous travaillons alors à ce que le texte se développe différemment, en crescendo, jusqu'à sa conclusion : « *mais la vie a tué mes rêves* ». Il devient « I dreamed a dream in time gone by / When hope was high and life worth living », que l'on pourrait traduire littéralement par « *J'ai fait un rêve en un temps lointain où l'espoir brillait et la vie méritait d'être vécue* ». Et la chanson en anglais se termine par « But life has killed the dream I dreamed »: « *mais la vie a tué mes rêves* ». La chanson va bientôt conquérir le monde.

CLAUDE-MICHEL
Cameron s'est engagé envers la RSC à auditionner en premier la troupe permanente. Nous nous retrouvons donc à Stratford-upon-Avon dans le théâtre de Shakespeare et la ville qui l'a vu naître. Nous sommes un peu dépassés par l'émotion, qui n'aura d'équivalent que, quelques mois plus tard, celle de découvrir dans le hall du théâtre une photo qu'on a prise de nous deux pour l'annonce du spectacle, affichée à côté du buste de Shakespeare. Nous nous sommes demandé pendant quelques instants si le monde n'était pas tombé sur la tête... Et puis nous avons assumé ! De la RSC, nous ne retenons que quelques acteurs-chanteurs pour la troupe, car la plupart ne chantent pas ou pas assez pour affronter la complexité de la partition. En revanche, nous choisissons avec un enthousiasme unanime le magnifique acteur et chanteur Roger Allam pour incarner Javert. Alun Armstrong sera notre Thénardier et Sue Jane Tanner, sa mégère de femme. À Londres, la distribution s'étoffe mais, comme à Paris, impossible de mettre la main sur *le* Jean Valjean idéal. Tim Rice nous conseille de rencontrer Colm Wilkinson, qui a incarné Judas dans *Jesus Christ Superstar*. Il nous séduit immédiatement, mais un problème se pose : la partition est destinée à un baryton, or Colm est un ténor. Il nous convainc tellement que nous décidons d'échanger les tessitures : Javert passe de ténor à baryton et inversement pour Valjean. Toutes les transpositions demandent un travail colossal. Secondé par John Cameron, je traque la moindre imperfection. En tant que compositeur, j'assume mon obsession pour les transitions et je prends un soin maniaque à façonner les changements de tonalité entre un morceau et un autre, sinon cela ne sonne pas correctement.

Trois semaines avant la première représentation publique, Cameron Mackintosh insiste pour que nous écrivions la « chanson de dix heures et demie », soit l'air qui doit désengourdir le spectateur dans le dernier tiers du spectacle. Nous réalisons alors que Valjean n'a pas *sa* chanson. Toutefois, à ce moment

Valjean (Colm Wilkinson), Londres, 1985

de l'intrigue, difficile d'envisager un air dynamique. À cette période, Colm répète pour l'enregistrement d'un concept album du *Phantom of the Opera* ; dans sa loge, comme il ne veut pas déranger ses voisins, il chante en voix de tête. En passant dans le couloir, j'entends ce timbre, c'est magnifique. Je décide de l'utiliser pour le titre « Bring Him Home ». Rentré à Paris, je trouve à mon piano le début de la mélodie. De retour à Londres, je le rejoue et, comme par miracle, le reste me vient naturellement. Notre producteur se rend à l'évidence : cette chanson ne réveillera personne, mais elle correspond exactement à ce qu'il faut à ce moment du spectacle.

ALAIN

Nous passons aux paroles, j'en discute avec Herbert qui râle car le rythme ne l'aide pas. Je lui fais des suggestions, imagine quelques phrases en français que je lui propose, mais c'est John Caird qui nous souffle la solution : « Et si c'était une véritable prière ? » Herbert finit le texte dans la nuit. Claude-Michel accompagne Colm au piano, qui l'interprète devant toute la troupe.

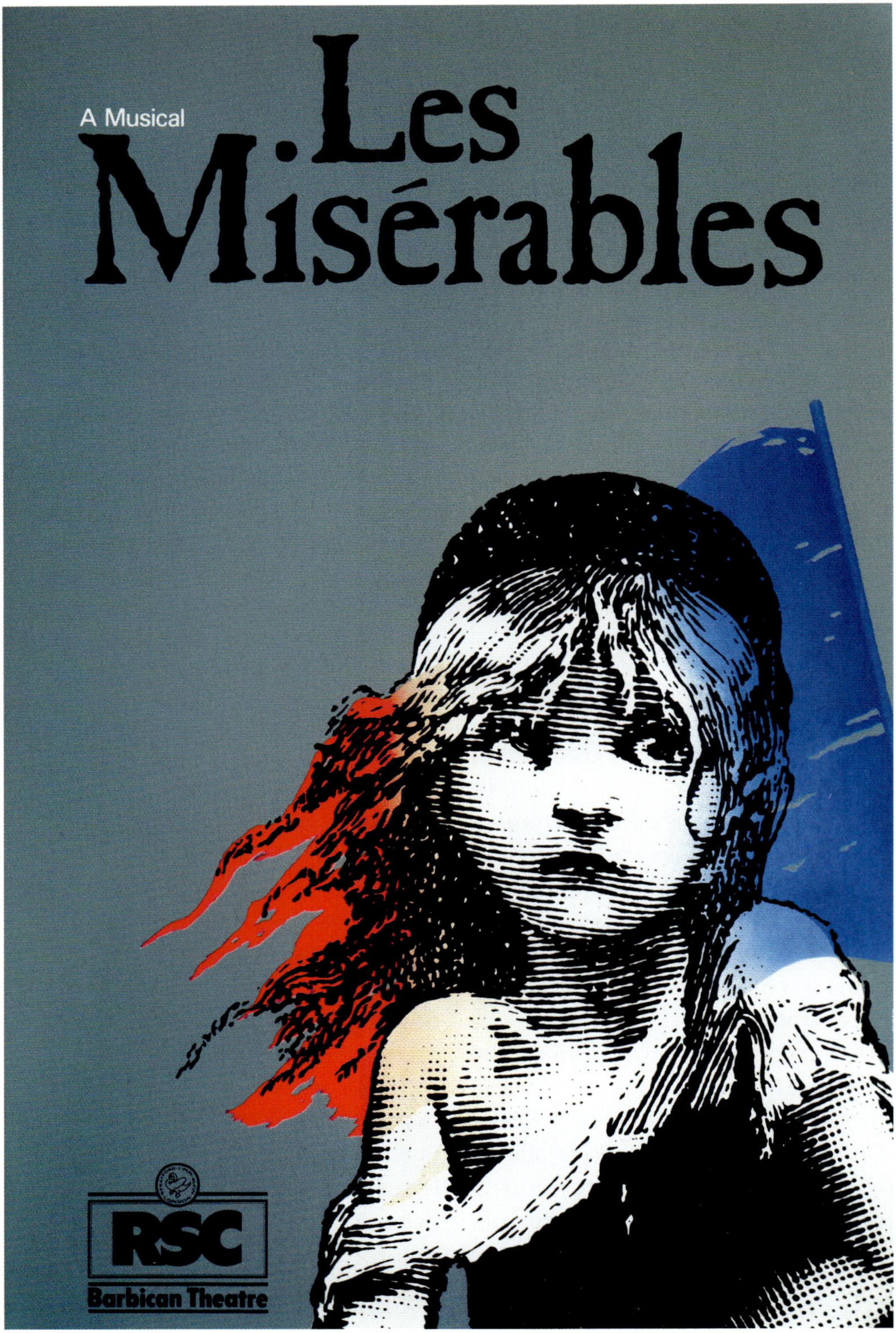

L'affiche créée pour le Barbican par Russ Eglin

Un grand silence se fait, Trevor sollicite des réactions. Ken Caswell, le premier interprète de l'évêque de Digne, prend la parole : « Vous nous avez dit que le spectacle parle de Dieu, mais jamais qu'il viendrait chanter dans le spectacle. »

CLAUDE-MICHEL

Colm donne une telle intensité à son interprétation qu'à ce moment-là, la représentation se transforme en cérémonie religieuse. Et depuis, quand c'est bien fait, ce moment tient de la célébration, quel que soit le pays qui accueille le spectacle.

Si les décors en imposaient au Palais des Sports, ceux que conçoit John Napier, sans doute le plus grand génie de la scénographie britannique, nous impressionnent. Nous l'accueillons à Paris au début de l'aventure, avec Cameron et les metteurs en scène, afin qu'ils fassent des recherches. La visite du Marais se révèle fructueuse, notamment lorsqu'il voit les vieilles poutres qui soutiennent les immeubles. Sa conception de la barricade vient de là : elle devient l'égale d'un personnage dans cette mise en scène, car elle se forme sous les yeux du public grâce à un plateau tournant.

Cameron a bien compris, surtout depuis *Cats*, que le visuel de l'affiche est prépondérant. Rien ne doit être laissé au hasard. Il confie de nouveau cette tâche à Russ Eglin, de l'agence Dewynters. La gravure d'Émile Bayard

'laquette de la
arricade conçue
ar John Napier, 1985

le convainc, mais il souhaite aller plus loin en utilisant uniquement le visage de Cosette. Il hésite, fait diverses propositions jusqu'au jour où, pour rappeler que *Les Misérables* se déroulent en France, il incorpore le drapeau tricolore dans ses cheveux. Notre enthousiasme est unanime.

Deux ans se sont écoulés depuis le début du travail à Londres… *A posteriori*, nous réalisons que seul un producteur aussi convaincu que Cameron pouvait avoir, en un éclair, la vision d'une pareille transposition alors qu'il n'avait jamais vu le spectacle à Paris. Nous réalisons aussi notre chance de n'avoir pas été initialement contactés par Broadway. Notre comédie musicale ne colle nullement avec l'*entertainment* à l'américaine ; elle aurait été dévoyée alors que, sous la forme recréée dans un pays doté d'une culture ancienne comme le Royaume-Uni, le spectacle a changé, mais n'est en rien édulcoré. Il reste atypique dans sa forme, très opératique, et trouvera bientôt en Amérique un public fervent. Nous sommes fourbus, mais dans une sorte d'exaltation intense. Il ne reste plus qu'à présenter le résultat aux Londoniens lors des avant-premières, puis ce sera la grande soirée de première tant espérée et tant redoutée. Comment la critique et le public vont-ils réagir à une histoire tragique de bout en bout, peuplée de morts sur une barricade et portée par une musique inhabituelle pour ce genre de production ?

Costumes de Andreane Neofitou pour Cosette, Fantine, Valjean, 1985

JAVERT
A/P

Haut : Alain et Claude-Michel devant le Barbican Centre, 1985
Bas : La troupe entonne « One Day More », au London Palace Theatre, 2001

CHAPITRE 8
BARBICAN ET PALACE THEATRE

PRÉ-PREMIÈRE

Le Barbican Center, siège de la Royal Shakespeare Company, s'est implanté dans un nouveau quartier depuis sa destruction durant la Seconde Guerre mondiale. Cette mini-ville dans la cité est moderne, toute en béton et métal, et n'est achevée que depuis quelques années lorsque nous l'investissons. L'accueil enthousiaste du public de la première avant-première le 30 septembre 1985, nous rassure. Toutefois, le spectacle dure trois heures quarante-cinq, entracte compris. Nous coupons dix minutes par-ci, par-là et, à contrecœur, demandons à Trevor Nunn de renoncer à la poursuite de Valjean et Cosette par Javert dans Paris, pour laquelle John Napier avait conçu une scénographie d'anthologie. La troupe joue le jeu du *work in progress* : après chaque coupe décidée à l'issue d'une représentation nous répétons la nouvelle version dès dix heures le lendemain matin avec l'équipe technique, puis à quatorze heures, avec les artistes. Faute d'ordinateur en ce temps-là, une quinzaine de copistes modifient les partitions sur place. Nous dormons peu mais, à la fin de la semaine, trente minutes ont été retirées.

Pendant ces représentations, la star américaine Patti LuPone, qui interprète Fantine, n'a pas envie de rester statique durant la montée

Patti LuPone interprète Fantine, 1985

Alain et Claude-Michel sur le décor du Barbican, 1985

orchestrale de « I Dreamed a Dream ». Plutôt que de finir sagement la strophe sur la note écrite, elle préfère monter puissamment vers l'aigu, en égrenant chaque note. Son idée convainc tout le monde. Durant ces avant-premières, nous savons que les journalistes sont présents mais interdiction leur est faite de publier leurs critiques avant le lendemain de la première.

ALAIN

Nous sommes épuisés lorsqu'arrive, le 8 octobre, cette fameuse première, qui marque l'aboutissement du travail. Nous allons enfin découvrir si nous conduisons une deux-chevaux ou une Ferrari. En tant qu'auteur, je suis très inquiet. D'un côté, le public des avant-premières fait chaque soir un triomphe ; de l'autre, je surprends divers commentaires négatifs. Cameron Mackintosh, avant même de connaître le verdict, veut transférer le spectacle, après les représentations prévues au Barbican, au Palace Theatre, dans le West End. Ce théâtre appartient à Andrew Lloyd Webber, le compositeur de *Cats*, peu réceptif à notre comédie musicale lors d'une avant-première, qui conseille à Cameron, notre producteur commun, de renoncer à transférer *Les Misérables* au Palace pour y monter plutôt son *Phantom of the Opera*. Cameron refuse catégoriquement.

Le soir de la première, nous avons le sentiment de jouer notre vie. J'ai du mal à me concentrer sur le spectacle et je regarde sans cesse autour de moi, assis un peu tremblant à côté de la cabine de son, près d'Andreane Neofitou, la costumière, alors que ma famille est à l'orchestre. Je me répète que cette création s'éloigne trop de ce qui a l'habitude de plaire.

CLAUDE-MICHEL
C'est ma musique qu'on est en train de jouer! Et me voilà incapable de tenir en place. Je vais dehors, je reviens, je ressors, je regarde les techniciens, j'ouvre parfois une porte donnant sur la salle. Les Cassandre nous ont prédit pis que pendre et je me demande ce que je vais faire de ma vie si c'est un four. Fin du spectacle: j'entends une clameur folle, le public nous gratifie d'une *standing ovation*, comme aux avant-premières. Je regarde Alain, nous sommes émus aux larmes, la fatigue accumulée se dissipe. Nous sommes transportés.

POST-PREMIÈRE

Le lendemain des premières, Cameron a l'habitude d'inviter ses équipes à déjeuner: une occasion décisive de discuter de ce qui s'est passé la veille et d'envisager ensemble l'avenir du spectacle. Bien entendu, tout le monde s'est précipité sur les journaux dès potron-minet. Il nous est difficile de trouver l'appétit pour avaler l'entrée tant les journalistes se sont déchaînés. Ils écrivent ne pas comprendre que l'honorable Royal Shakespeare Company se compromette ainsi. C'est une véritable polémique qu'ils déclenchent. Un titre restera en mémoire: « Qu'y a-t-il de pire qu'une mauvaise comédie musicale? Une comédie musicale française! » Un autre journal titre « Les *Glums* », une abréviation argotique pour désigner des clochards, qu'il est aussi permis de traduire par « les minables ». Selon un autre critique, la musique est idéale pour l'Eurovision, mais pas pour une comédie musicale par ailleurs trop déclamatoire et dénuée de chorégraphie. L'enterrement est de première classe. Très inquiet, Cameron s'enquiert de l'impact sur les ventes de billets. Il ne parvient pas à joindre le guichet, s'emporte auprès du directeur technique: si la ligne est indisponible, comment les spectateurs peuvent-ils réserver? Ce dernier lui répond qu'en raison de l'afflux des appels, le standard a explosé le matin même. Cinq mille places ont déjà été vendues. La volonté du peuple!

CLAUDE-MICHEL

Le premier bouche-à-oreille, l'envie de voir un spectacle descendu par la critique, les fées qui continuent à veiller? Impossible de savoir. Toutefois, nous devons rendre grâce à l'une d'entre elles. Lady Diana, présente à une avant-première, se montre une attachée de presse hors pair. Elle assiste au spectacle de nombreuses fois et, lors d'une discussion avec elle et John Caird, pour faire une blague à ce dernier, j'ai posé à la princesse cette question absolument stupide: « Avez-vous préféré la musique ou la mise en scène? » Elle sourit: « Vous savez bien: les deux. » Cela m'apprendra à faire des canulars; moi qui voulais faire de l'esprit avec cette femme bouleversée par le spectacle, je rate le coche!

Rapidement, en raison d'une pression de plus en plus forte du public, Cameron accélère le transfert dans le West End. Autant dire qu'Andrew Lloyd Webber et lui devront trouver un autre théâtre pour monter *The Phantom of the Opera*. *Les Misérables* s'installent le 4 décembre 1985 et resteront dix-huit ans à l'affiche du Palace Theatre avant de déménager au Queen's Theatre le 3 avril 2004, devenu depuis le Sondheim Theatre. À notre grand étonnement, le spectacle se transforme en phénomène de société. Le titre, difficile à prononcer, se trouve raccourci en *Les Mis*. On ne donne plus l'adresse du théâtre à un chauffeur de taxi, juste: « *To* Les Mis, *please.* » Un guichet ouvre à New York pour les spectateurs qui viennent des États-Unis le découvrir. Nous n'analysons plus cet engouement qui nous dépasse totalement, nous le vivons au jour le jour. L'amour du peuple britannique pour le théâtre chanté nous ravit. Ce public baigne dans cette culture depuis son plus jeune âge, à l'école et dans sa vie familiale. En outre, non seulement le théâtre musical a acquis droit de cité à la RSC, mais les *royalties* de cette coproduction permettront de sauver cette institution d'une possible faillite des années plus tard…

Nous voilà donc tenant entre les mains un spectacle qui fascine un large public. Nous ne sommes plus regardés de la même manière. Afin que cette aura ne se ternisse pas, il nous faut rapidement trouver un autre sujet pour une prochaine œuvre, mais aussi garder la tête froide, ne pas nous laisser griser par le succès. Nous pensions en avoir fini avec *Les Misérables*? L'histoire commence à peine. Nous soupçonnons déjà qu'il manque encore un petit quelque chose au spectacle pour qu'il trouve sa forme définitive. Et il va falloir traverser l'Atlantique pour le découvrir. Les rêves se moquent du temps qui passe et des distances.

« To *Les Mis*, please ! »,
depuis le transfer au Palace Theatre

Imperial Theatre, Broadway

CHAPITRE 9
L'AMÉRIQUE !

AMERICAN DEBUT À WASHINGTON

La troupe devant l'Imperial Theatre, Broadway, 1987

En 1987, Colm Wilkinson, Valjean, et Frances Ruffelle, Éponine, traversent avec nous l'Atlantique pour l'Amérique. Le syndicat des acteurs américains a accepté leur venue en échange de l'engagement de Cameron de faire venir deux artistes américains pour travailler à Londres dans une de ses productions. Nous avons réussi à distribuer tous les autres rôles au cours de voyages précédents à New York. Avant de s'installer à Broadway, le spectacle se joue tout d'abord au Kennedy Center de Washington, dont le directeur Roger L. Stevens a été le coproducteur de *West Side Story* – encore un clin d'œil du destin. Ami de Cameron, il sait le rôle primordial de cette comédie musicale dans nos vies comme dans la sienne et il nous propose de débuter l'aventure américaine dans son théâtre. Dans les vastes coulisses se trouve encore aujourd'hui la gigantesque tenture de la première production des *Misérables.* Nous sommes donc à jamais liés. La table de ping-pong sur laquelle nous jouions entre deux répétitions est toujours là… Nous sympathisons avec un technicien de plateau, enthousiasmé par le spectacle, qui occupe aujourd'hui la fonction de directeur technique et nous considère comme ses enfants.

CLAUDE-MICHEL

Tandis que le spectacle se joue depuis plus d'un an à Londres, nous continuons à l'améliorer. Ainsi à Washington, sur le plan musical, je modifie le début de la confession de Valjean à Marius en utilisant largement une version de « Comment faire ? » dans un mode différent. Toutefois, le plus grand changement dans la partition que j'élabore est l'ajout d'une ouverture. L'« Overture Work Song », ou scène introductive, permet véritablement, en moins d'une minute, d'entrer dans le spectacle comme dans les opéras de Puccini, *Tosca* ou *Madame Butterfly*. Lorsque nous l'entendons, réunis avec la troupe pour la première fois, jouée par l'orchestre, nous sommes tous agréablement étonnés. Ces quelques mesures produisent un effet incroyable, invitant le spectateur à plonger dans le drame. Ce petit plus qui manquait au spectacle ne bougera plus et il sera toujours applaudi.

BROADWAY

Pendant la série de représentations triomphales à Washington, l'extraordinaire stratégie commerciale de l'équipe de Cameron, depuis leurs bureaux flambant neufs de New York, permet d'arriver à Broadway dans des conditions inconnues de nous et en Europe à l'époque. Nous avons la chance que le bouche-à-oreille se soit propagé depuis Londres : le service de presse de New York a si bien aidé à répandre la nouvelle que le spectacle, avant même qu'il n'ait débuté, affiche complet pour les cinq premiers mois. Avant la première, lors d'une interview télévisée, le directeur de théâtre Gerald Schœnfeld déclare : « À ce niveau de réussite, les gens perdent tout jugement. » Les répétitions se passent comme dans un rêve. Nous ne souffrons pas de malnutrition puisque Gilbert Le Coze et sa sœur Maguy ont déménagé leur restaurant Le Bernardin à New York. Ils nous convient à partager leurs repas plus d'une fois à la cuisine après le service.

CLAUDE-MICHEL

Être compositeur nécessite parfois de savoir faire face à des demandes éloignées du domaine artistique. Ainsi m'enjoint-on de réduire de trois minutes la durée du spectacle, car nous dépassons le temps

Colm Wilkinson (Valjean)
Kennedy Center,
Washington, 1986

Haut : Judy Kuhn (Cosette), Colm Wilkinson (Valjean) et Randy Graff (Fantine), Imperial Theatre, 1987
Bas : Frances Ruffelle (Éponine), Imperial Theatre, 1987

réglementaire établi par la puissante ligue des syndicats des musiciens de Broadway. En cas de refus, il faudrait payer aux équipes techniques et artistiques un supplément de salaire substantiel qui, au final, atteindrait plusieurs milliers de dollars ! Alors hop ! On accélère discrètement un morceau, on taille dans une introduction...

RECONNAISSANCE

ALAIN

Nous apprenons dans le *New York Times* que nous sommes nommés aux Tony Awards dans douze catégories. À Londres, Patti LuPone a déjà remporté le Laurence Olivier Award de la meilleure actrice dans un second rôle dans une comédie musicale en 1985 et *Les Misérables* ont reçu le Critics Circle Awards en 1986 – autant dire que les « *Glums* » et autres attaques méprisantes sont bien derrière nous ! Le soir de la remise des Tony Awards, étant de nature optimiste, Cameron organise une soirée pour la troupe. Nous repartons finalement avec huit statuettes dont pour nous personnellement, le Tony de la meilleure comédie musicale et ceux du meilleur livret et de la meilleure partition originale pour Herbert Kretzmer et nous deux !

CLAUDE-MICHEL

Si je devais donner un tempo pour le rythme cardiaque durant cette soirée, j'avoisinerais les trois cents à la noire... puisque Chita Rivera, qui a créé le rôle d'Anita sur scène dans *West Side Story*, me remet le trophée. Trevor Nunn et John Caird sont récompensés pour leur mise en scène, de même que John Napier

Broadway, janvier 1986

pour ses décors. Les interprètes des seconds rôles, Frances Ruffelle (Éponine) et Michael Maguire (Enjolras), remportent chacun un Tony. Dommage qu'il échappe à Colm Wilkinson, notre Valjean adoré.

Tous les créateurs de théâtre américains rêvent d'un Tony, qui changera leur carrière professionnelle, et s'investissent en amont dans cette course à la récompense. Nous sommes toujours dans l'étonnement d'être distingués. Nous connaissons alors très peu de monde à Broadway et serrons de plus en plus de mains de gens inconnus que nous connaîtrons parfois mieux par la suite. Très vite, nous sommes déifiés, personne ne s'adresse plus à nous comme avant. Quelque temps plus tard, la partition des *Misérables* rejoint celle de *West Side Story* à la librairie du Congrès à Washington, où sont déposés tous les manuscrits et partitions des grandes comédies musicales qui nous ont inspirés et font partie du patrimoine de la culture américaine.

Alain et Claude-Michel, séance photo à Times Square, New York, mars 1987

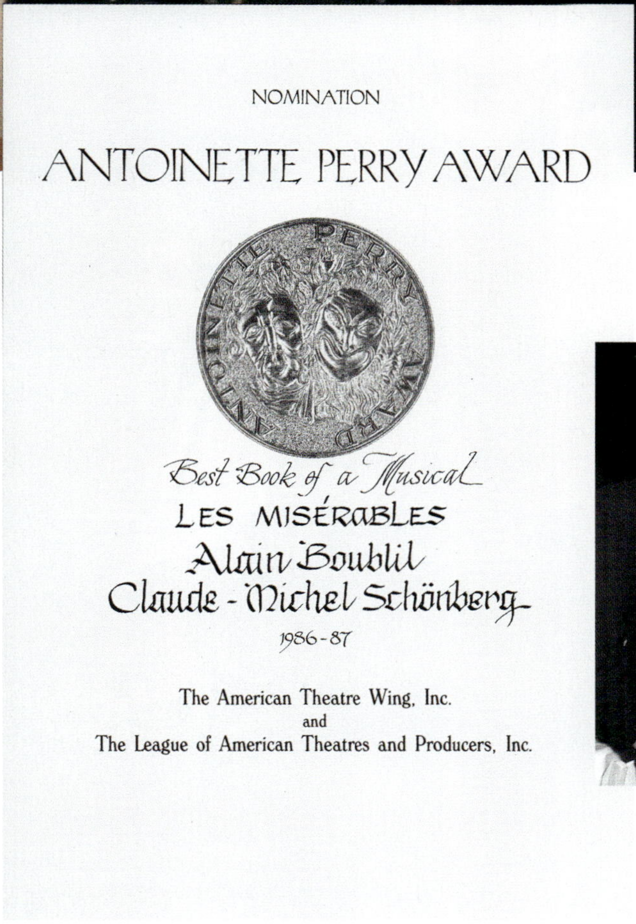

NOMINATION

ANTOINETTE PERRY AWARD

ANTOINETTE PERRY AWARD

Best Book of a Musical

LES MISÉRABLES

Alain Boublil

Claude - Michel Schönberg

1986 - 87

The American Theatre Wing, Inc.

and

The League of American Theatres and Producers, Inc.

Haut : Claude-Michel, Cameron Mackintosh, Alain aux Tony Awards 1987
Bas : Claude-Michel, Frances Ruffelle, John Caird, Alain à Boston, décembre 1987

Matt Shingledecker (Enjolras), tournée américaine, mars 2018

CHAPITRE 10
LES CRÉATIONS INTERNATIONALES

LES TOURNÉES AMÉRICAINES

ALAIN

Avant d'envisager le monde, concentrons-nous sur l'Amérique. *Les Misérables* se jouent à New York depuis le 12 mai 1987 et resteront à l'affiche pendant seize ans, jusqu'au 18 mai 2003. Dès 1989 commencent les tournées nord-américaines avec de nouvelles troupes. Ce que j'ai vécu à San Francisco, auprès de la première troupe nord-américaine, reste gravé dans mes souvenirs. Alors que le spectacle s'apprête à débuter au Curran Theatre, la ville subit l'impressionnant tremblement de terre du 17 octobre 1989, d'une puissance telle qu'une partie du Bay Bridge s'effondre, devant les télévisions du monde entier. La ville est sous le choc. Le spectacle aura-t-il lieu ? Nous sommes dans le pays où, quoi qu'il arrive, *the show must go on*. Cameron me demande d'aller sur place pour remonter le moral de la troupe, en espérant que les répétitions reprennent rapidement, car il ne peut pas s'y rendre lui-même. Je saute dans un avion et arrive au théâtre, où un inspecteur chargé de la sécurité, entouré de pompiers, vient vérifier que l'édifice tient debout. Avec le soutien du directeur technique, je tente de le convaincre de l'importance de maintenir les répétitions qui débutent trois jours plus tard. Quel meilleur indicateur que la réouverture des lieux culturels, pour montrer que la vie reprend ? Il regarde le décor de la barricade, avec ses bouts de bois brisés, ses pierres éclatées : les évidents dégâts collatéraux du tremblement de terre. « Vous n'imaginez pas que je vais vous autoriser à répéter dans un théâtre dans cet état ? » Je souris, rassuré, lui demande de marcher avec moi jusqu'à la barricade, l'encourage à toucher les fausses pierres, les bouts de bois et les morceaux de plastique qui composent le décor de John Napier. Il sourit à son tour et, à notre grand soulagement, signe l'autorisation. Je recommande à l'attaché de presse du spectacle de lui envoyer deux invitations pour la première.

UN SUCCÈS MONDIAL

Comment expliquer un phénomène comme *Les Misérables*? Une comédie musicale si différente de ce que les spectateurs ont l'habitude de voir, portée par un bouche-à-oreille qui prend la forme d'un raz-de-marée… Très rapidement, différentes capitales demandent à accueillir une version dans leur langue. Nous accompagnons systématiquement Cameron et les metteurs en scène, pour chaque production locale, afin de nous assurer que le spectateur de Tokyo, de Sydney ou de Singapour verra un spectacle d'une qualité identique à celle de Londres. L'investissement est d'importance pour nous, mais il nous tient à cœur. Nous sommes les garants du respect des ultimes modifications intervenues à Washington, des ajustements progressifs qui ont permis de polir la production de Londres et de donner tout son souffle au résultat final.

CLAUDE-MICHEL
En Hongrie, le pays de mes parents, je pense inévitablement à eux en marchant sur les trottoirs de Budapest où ils ont vécu après s'y être rencontrés. Ni l'un ni l'autre n'ont pu voir *Les Misérables*. Je le regrette encore. Ma réussite leur aurait plu, surtout à ma mère juive! C'est le syndrome « Maman, regarde-moi, regarde où j'en suis. J'ai bien fait de quitter Vannes, non? » Je pense qu'ils auraient été contents de voir que mon credo est avant tout de bien faire les choses, comme ils me l'ont appris.

Cameron Mackintosh, Alain et Claude-Michel à Budapest, 198

Les filles de joie, tournée espagnole, 2010

Javert (Philip Quast), Sidney, 1987

La barricade, Toronto, 1989

Haut gauche :
Claude-Michel à Mexico
Haut droite :
Claude-Michel à Shanghai
Bas : Cameron Mackintosh
et Alain à Sydney

ALAIN
Mes parents avaient fait le voyage de Tunis à Paris pour venir voir *La Révolution française* et mon père, qui n'avait jamais été à l'opéra ni au théâtre chanté, était sorti bouleversé de la salle, et stupéfait par l'enthousiasme d'un public aussi nombreux. Il me demanda aussi avec tendresse, en découvrant ma luxueuse voiture de fonction (qui ne m'appartenait pas) à la sortie de la salle : « On peut se payer ça en faisant ce que tu fais ? » Pour *Les Misérables* à Paris, il était déjà un habitué. Malheureusement, il décéda avant le succès international. J'invitai ma mère à découvrir New York à l'occasion de la première à Broadway : son premier voyage aux États-Unis. À l'issue de la représentation, elle m'a dit, des larmes dans les yeux : « Tu m'as offert mon voyage de noces. »

LE JAPON

Parmi les dates marquantes de cette saga qui se poursuit aujourd'hui avec la même intensité, les débuts au Japon occupent une place particulière. On a mis à notre disposition une voiture, et chacun de nous est accompagné d'une interprète. Nous découvrons que ces jeunes femmes peuvent faire une centaine de kilomètres en train pour rentrer chez elles à Yokohama à onze heures du soir et être de nouveau au théâtre à l'heure requise le lendemain matin, maquillées, coiffées. Nous apprenons une forme de politesse et de discipline professionnelles strictes, et les règles tacites de ce que nous pouvons demander : presque tout sans limite, pour nous faciliter le travail et pour le bien de la pièce. Sur scène, tout le monde est prêt à l'heure pour chaque répétition : les acteurs, les techniciens et les musiciens.

CLAUDE-MICHEL
Nous découvrons aussi que la tradition du nô et du kabuki a vampirisé la troupe que nous avons sélectionnée avec Cameron, Trevor, John et les directeurs de casting. Nous devons nous opposer à beaucoup de choses car, dans leurs habitudes de production sans la présence de l'équipe originale et des auteurs, tout diffère de ce que nous connaissions jusqu'à présent. Quant au jeu, les acteurs formés au kabuki font un moteur de l'exagération dans l'expression. Voilà qui n'est pas du tout dans notre nature. Après la première répétition, nous ramenons tout à nos normes. L'équipe, très talentueuse, est à notre écoute.

Hiromi Iwasaki, l'interprète de Fantine, est particulièrement remarquable.

ALAIN

La personne qui m'a fait la plus forte impression reste sans conteste l'adaptatrice du texte, Iwatani-san. Cette dame discrète d'environ soixante-dix ans, toujours vêtue

Claude-Michel et Alain au Japon, 1992

d'un kimono aux couleurs pâles, a traduit en japonais des pièces de Neil Simon et plusieurs classiques de la comédie musicale américaine, des œuvres très éloignées de nos *Misérables*. Je la pense donc bilingue, mais elle travaille en fait toujours avec une interprète qui lui fournit une traduction littérale, très détaillée, et qui l'assiste en cas de besoin. Elle ne parle pas l'anglais, ni le français. Nous avons donc des réunions à trois au cours desquelles elle me pose des questions d'une étonnante finesse sur les intentions du texte original français et l'exacte scansion du texte anglais, dont le rythme est si différent de sa propre langue. John Caird continuera bientôt avec elle ce dialogue à

Hiromi Iwasaki (Fantine) Japon, 1987

propos de la mise en scène pour perfectionner le japonais qu'il est le seul parmi nous à parler un peu. Je découvre avec elle que la rime n'est

La troupe japonaise, John Caird et Iwatani-san en kimono mauve

pas utilisée en japonais, que la façon de découper les mots, à laquelle elle m'initie, diffère radicalement de celle de l'anglais et du français. C'est un exercice exaltant pour moi. Le texte anglais, qui est désormais la matrice pour le spectacle dans le monde, sert de base à toutes les traductions et j'en suis aussi le gardien. Iwatani-san est pour moi sortie tout droit d'un roman japonais, lent et profond, qui sait par conséquent prendre son temps mais va droit à l'essentiel des sentiments, comme dans mes lectures de Mishima ou de Kawabata. Et notre relation artistique et culturelle s'approfondira encore davantage pendant l'écriture de l'adaptation japonaise de *Miss Saigon*.

CLAUDE-MICHEL

Quand commencent les répétitions en musique, nous faisons travailler plusieurs Javert, Cosette, Éponine, Valjean... Plusieurs équipes artistiques se révèlent nécessaires pour assurer le nombre très important de représentations. Jugez plutôt: trois s'enchaînent le samedi et le dimanche, et le premier lever de rideau est à midi. Le nombre total est le plus élevé que j'aie jamais connu puisqu'il n'existe pas de limite syndicale, ce qui tient encore de l'inédit. Je me souviens que, pour une répétition, un interprète de Valjean, une vedette au Japon, arrive accompagné de toute une équipe: son agent, son secrétaire, le représentant de sa maison de disques... qui se plantent dans un coin du studio. Je suis estomaqué et prie tout ce petit monde de sortir et d'attendre dans le couloir. La répétition est un moment d'intimité, puisque je demande à l'interprète de se remettre en question, d'aller puiser des ressources en lui pour son interprétation. Une fois seul avec lui, nous avons pu débuter.

Un succès tel qu'il faut plusieurs interprètes en simultané pour chaque rôle, à travers le Japon. Gauche : Fukui, Yoshihara et Sato (Valjean) 1997 Droite : Kawaguchi, Uehara et Irei (Javert)

Les Thénardier, Japon, 2013

ES

Théâtre Mogador, Paris, 1991

CHAPITRE 11

RETOURS PARISIENS

ALAIN

Les Misérables triomphent à Londres, à New York, à Tokyo, à Sydney et dans de plus en plus de villes sur tous les continents. Nous voyageons beaucoup, mais Paris nous manque. En 1991 se projette une série de représentations à Mogador, en français, à l'initiative de René Cleitman. Celui-ci est devenu en 1983 le directeur de Hachette Première, une société de production de films et de spectacles, et il est auréolé du succès *de Cyrano de Bergerac*, le film de Jean-Paul Rappeneau. René trouve le slogan, « Les Misérables : la comédie musicale qui fait chanter le monde ! », et Cameron signe sa première coproduction en France.

Le spectacle a énormément changé depuis sa création parisienne de 1980 et je m'attelle à la version française des nouvelles scènes et chansons que nous avions rajoutées à Londres. Cameron fonde même une société à Paris et me sous-loue un bureau rue de la Trémoille. En

Jérôme Pradon (Marius) et Stéphanie Martin (Éponine), 1991

marge de la réécriture des paroles, l'une des dernières séances de casting pour le rôle de Cosette revêt une importance inoubliable pour moi, puisque je tombe amoureux de Marie Zamora, qui est choisie à l'unanimité. Elle sera Cosette. Entendre mes mots dans sa bouche me bouleverse : je me prends pour Marius, avec la même fulgurance de sentiment, et trente-trois ans et deux fils plus tard, l'identification persiste.

CLAUDE-MICHEL

Contrairement à ce que nous avons connu en Angleterre et dans le reste du monde, où un public socialement varié, y compris très populaire, va au théâtre régulièrement, nous savons que celui qui fréquente le théâtre en France est surtout constitué d'habitués et d'abonnés et qu'à eux s'ajouteront les amateurs du spectacle qui l'ont déjà vu à Paris en 1980 ou ailleurs, et qui sont curieux de découvrir une nouvelle production. Notons que, avec la démocratisation des voyages, les Français se rendent assez facilement à Londres et à New York et sont nombreux à choisir, parmi tous les spectacles proposés, d'aller voir *Les Misérables* en anglais. *Starmania*, le spectacle créé en 1979 et imaginé par Michel Berger et Luc Plamondon, vient d'être repris avec succès à Marigny, faisant apparaître ainsi un nouveau public, plus jeune, qui

Marie Zamora (Cosette) et Jérôme Pradon (Marius), 1991

Robert Marien (Valjean) et
Marie Zamora (Cosette), 1991

en connaît les magnifiques chansons par cœur. Comédie musicale, le terme n'est plus tabou, même si ces deux mots recouvrent des genres très différents. Une interaction encore timide commence à se créer, attirant au théâtre les jeunes générations.

ALAIN

Les Misérables se jouent à Mogador pendant plusieurs mois. Nous nous rendons compte que rares sont les personnes qui n'assistent qu'une seule fois au spectacle. Ils reviennent, comme à Londres ou à Broadway. Bertrand Delanoë (alors maire de Paris), Orlando (le frère et producteur de Dalida), l'agent artistique Dominique Besnehard sont des fans assidus et assistent à plusieurs représentations. Nous avons l'honneur d'être reconnus par nos pairs, puisqu'un Molière est décerné au spectacle en 1992. Quelques années plus tard, en 2010, *Les Misérables* reviennent à Paris en version anglaise, à l'occasion d'une tournée européenne qui fait escale au Châtelet. Le succès est mitigé. C'est à ce moment-là que nous prenons conscience, Cameron compris, qu'il faudra un jour remonter *Les Misérables* à Paris, en français, dans une nouvelle production française, portée par une nouvelle équipe qui nous convaincrait tous les trois de sa passion et de son savoir-faire, un souhait impérieux pour Claude-Michel et moi. En attendant ce jour, un nouveau médium nous réclame...

Robert Marien (Valjean)
et Patrick Rocca (Javert), 1991

Robert Marien (Valjean) et Marie Zamora (Cosette), 1991

Hugh Jackman (Valjean) et Anne Hathaway (Fantine) dans le film de Tom Hooper, 2012

Hugh Jackman (Valjean) dans le film de Tom Hooper, 2012

CHAPITRE 12
LE FILM

À partir du moment où le spectacle devient un phénomène, l'idée de son adaptation pour le grand écran se révèle une réalité accessible. Cameron Mackintosh y voit un prolongement incontournable. Nous sommes tellement férus de cinéma que nous nous prenons à rêver que *Les Misérables* empruntent le même chemin que *West Side Story*. Encore faudrait-il trouver un réalisateur de la trempe de Robert Wise, un producteur et un studio assez fous pour se lancer dans l'aventure. Le processus s'étalera sur plusieurs décennies…

Tout commence avec les compliments de Steven Spielberg qui, à l'issue de la première au Palace Theatre de Londres le 4 décembre 1985, pense que le spectacle ferait un film magnifique, mais estime ne pas être assez familier avec la culture française pour être capable de le réaliser. De notre côté, nous réfléchissons à une adaptation cinématographique possible et nous rédigeons alors un « traitement », ce document qui précède le scénario et qui nous sert de point de départ dans les discussions avec la société Columbia TriStar Films, qui a contacté Cameron.

ALAIN

TriStar se met alors en rapport avec Alan Parker, habitué des films musicaux (*Bugsy Malone*, *Fame*, *The Wall*, *The Commitments*, *Evita*…). Le projet lui plaît, il y réfléchit. Au bout d'un certain temps, il est prêt à s'engager mais, lors d'une conversation très sérieuse que nous avons en tête-à-tête, il me fait remarquer : « En théorie, je dispose du *final cut* (le contrôle final) sur ce film, comme sur tous mes films. Mais comme cette œuvre est intégralement chantée et que le contrat dont nous discutons prévoit que je ne peux changer ni musique, ni paroles sans votre autorisation, dans la réalité, c'est vous qui aurez le *final cut*. La situation diffère de mes exigences. » Il se désiste.

Avec Oliver Stone, nous passons une délicieuse soirée chez Claude-Michel à Saint-Cloud. Lors de ce dîner haut en couleur, la femme du réalisateur, fan absolue des *Misérables*, tente de le convaincre d'adapter le spectacle. Il s'en amuse, mais ne donne pas suite, car ce sujet est bien trop éloigné de ce qui a fait son succès et son originalité. TriStar prend contact avec Barry Levinson, un cinéaste dont nous aimons les films comme *Rain Man, Good Morning, Vietnam*. Nous le rencontrons lors d'une des tournées du spectacle, mais ce rendez-vous n'aboutit pas davantage.

Dernier réalisateur envisagé par TriStar, Bruce Beresford, cinéaste australien, vient de remporter l'Oscar du meilleur film pour *Driving Miss Daisy*. La discussion s'engage, tout se passe bien. Il retourne dans son pays pour travailler à partir de notre traitement du projet de film. Lorsqu'il analyse ce document, une pierre d'achoppement apparaît.

ALAIN

Nous avons prévu que Fantine, qui vient d'être congédiée de l'usine, erre dans Montreuil-sur-Mer et entre dans l'église où elle chante l'introduction de « I Dreamed a Dream ». Au téléphone, Bruce indique qu'il préfère changer cette scène, ce qui ne nous choque pas. Mais il continue : le récit contient beaucoup trop d'éléments religieux, dont il faut se débarrasser. Sa conception du film exclut quasiment toute référence à Dieu. Instinctivement je lui réponds que la religion est le fondement de l'histoire : elle commence par la rencontre entre un évêque et Valjean. Malgré sa vie privée atypique, Victor Hugo était aussi profondément croyant. Cette conversation nous refroidit. Même si nous apprécions son cinéma et sa sensibilité, Bruce est-il la bonne personne ? Sa vision s'éloigne de notre fidélité à l'âme du roman.

CLAUDE-MICHEL

Dans tout ce que nous avons fait, nous n'avons jamais trahi notre engagement à respecter l'œuvre originale – et nous restons persuadés que c'est cela qui a permis le succès pérenne du spectacle qu'elle nous a inspiré.

Le destin du film quitte la nébuleuse hollywoodienne pour retourner en Angleterre. Eric Fellner et Tim Bevan, propriétaires de la société de production

Working Title Films, qui a bouleversé le cinéma indépendant anglais avec *Quatre mariages et un enterrement*, *Coup de foudre à Notting Hill*, *Billy Elliot*, *Love Actually*, la série des *Bridget Jones*, etc., viennent de vendre leur compagnie à Universal et souhaitent produire quelques films à grand spectacle. Ils s'intéressent aux *Misérables*. Cameron nous en parle, nous bénissons le projet, Universal aussi.

Tom Hooper, auréolé d'un Oscar pour *Le Discours d'un roi*, produit par Working Title, et le scénariste William Nicholson sont rapidement rattachés au projet. Nous n'avons pas remis à William notre premier traitement, nous avions même oublié jusqu'à son existence. Le scénariste de *Gladiateur*, un homme délicieux, commence à travailler tandis que la pré-production s'organise. Par exemple, le casting est dirigé par la brillante Nina Gold (connue pour son travail sur *Game of Thrones*, *The Crown* ou la troisième trilogie de *Star Wars*) avec notre participation permanente. Contre toute attente, William prend rapidement contact avec nous. Il part d'une histoire déjà existante, qu'il ne peut modifier. Il faut trouver comment découper en séquences les scènes chantées qui, au théâtre, s'enchaînent avec fluidité et il considère ne pas pouvoir le faire sans nous. Nous voici

Sur le tournage du film, avec l'éléphant de la place de la Bastille, Londres, 2011

donc promus coscénaristes et bientôt également producteurs exécutifs, ce qui implique notre participation à toutes les réunions, à la plupart des journées de tournage et un droit de regard sur le film plus important que prévu, en collaboration avec Cameron, lui-même coproducteur du film avec Working Title et Universal.

ALAIN

Au cours d'une de ces réunions de travail, Tom Hooper nous fait part d'une gêne persistante qu'il ressent à propos de « I Dreamed a Dream ». Il doute que cette chanson soit à la bonne place. Spontanément, je propose de la décaler après le premier client de Fantine, devenue une « fille publique ». Il se lève et m'enlace pour me remercier, ce qui, pour un Anglais bien élevé, relève de l'impudeur... Ce geste d'affection veut montrer sa reconnaissance. Force est de reconnaître *a posteriori* que, dans le film, cette nouvelle place accentue encore l'intensité du drame de Fantine, résumé dans cette chanson. Nous tenterons de reproduire ce changement dans la production théâtrale à Toronto, mais personne n'est convaincu, ni nous, ni Cameron. L'ordre des scènes que nous avons fixé pour le théâtre reste le plus théâtral.

Tom Hooper décide que toutes les chansons seront interprétées en direct, alors que traditionnellement les acteurs de cinéma chantent en play-back. Ce pari technique totalement fou et inédit est rendu possible grâce à des ingénieurs du son... ingénieux ! Toutefois, cela implique notre présence constante sur le décor, puisque notre approbation est requise.

CLAUDE-MICHEL

Le tournage se déroule aux mythiques studios de Pinewood, qui ont accueilli les *James Bond* et de nombreuses superproductions, à proximité de Londres, où je réside. Mon oreille de compositeur se trouve sollicitée en permanence. Chaque journée de tournage coûtant très cher, je réfléchis bien avant d'émettre une remarque. Jusqu'alors, j'ignorais comment un film se fabriquait ; j'en apprends tous les jours, j'adore ça. Toutefois, l'esprit de troupe de théâtre me manque ; certains acteurs ne se rencontrent jamais et manquent ainsi l'occasion de partager de grands moments d'émotion. En revanche, j'admire la capacité du réalisateur et de son équipe, après une prise, à faire une synthèse et à aller de l'avant. Je ne fonctionne pas de la même manière.

ameron Mackintosh, Alain et Claude-Michel sur le plateau

ALAIN

Il apparaît rapidement que le film a besoin d'une chanson nouvelle, la découverte de l'amour paternel par Jean Valjean après avoir récupéré Cosette chez les Thénardier. Nous imaginons avec Herbert Kretzmer « Suddenly ». La scène se déroule de nuit, dans le fiacre qui emporte Cosette et Valjean. Ce dernier exprime ses émotions, cette nouvelle vie qui débute avec la fillette endormie sur ses genoux. De jolis gros plans et l'interprétation toute en intériorité de Hugh Jackman permettent à ce moment d'atteindre une belle intensité. Nous ne l'intégrons pas au spectacle car elle ne fait nullement avancer l'intrigue et que nous ne pouvons pas reproduire sur scène la beauté de la séquence cinématographique en plans serrés. Elle sera néanmoins nommée pour l'Oscar de la meilleure chanson originale en 2013, et nous avec.

CLAUDE-MICHEL

La postproduction se déroule à Londres. Je découvre un premier montage. Quelque chose me frappe immédiatement: les plans sont montés sur les mots et pas sur la musique. Je préviens Tom de ma

L'émeute gronde à l'enterrement du général Lamarque...

Les affiches du film sur Times Square, 2012

Hugh Jackman (Valjean) et Isabelle Allen (Cosette) dans le film de Tom Hooper, 2012

préoccupation ; Melanie Ann Oliver reprend en main le montage. Je passe des moments formidables avec elle. La sentant très à l'écoute, je lui apprends le « rythme du silence ». En effet, lorsqu'un morceau se termine, il faut laisser suffisamment de silence pour que le suivant débute le mieux possible. Il est, en quelque sorte, encore de la musique. Tom arrive dans la salle en s'exclamant : « Il paraît qu'on donne un cours sur le silence ici ? Je veux en être ! » Nous choisissons une séquence, afin de lui montrer que cela tient à peu de choses : quelques images de moins et le rythme paraît bousculé, quelques images de trop et cela peut être ressenti comme une erreur.

Le film est terminé. Le succès mondial est immédiat. Nous voilà nommés aux Golden Globes, au London Film Critics' Circle, aux Bafta et enfin aux Oscars. Nous partons pour Los Angeles où débute la *Oscar's season* : la saison des prix… Nous sommes pris en charge par Universal. Les interviews des grands médias s'enchaînent du matin au soir. Cette activité ininterrompue et chronophage implique que nous nous partagions les tâches avec Cameron, Hugh Jackman, Anne Hathaway, Russell Crowe, Amanda Seyfreid, Eddie Redmayne et toute la distribution. Une garden party du comité des Oscars pour la musique nous permet de rencontrer John Williams, qui, à notre stupéfaction, nous appelle « maestro » et Alexandre Desplat, avec lequel nous nouons une relation amicale. *Les Misérables* remportent d'innombrables récompenses, parmi lesquels le Golden Globe du meilleur film musical ou de comédie. Il est de coutume de dire que ces récompenses constituent une sorte d'antichambre des Oscars, qui arrivent comme le couronnement de ce circuit.

La soirée des Oscars nous fait pénétrer dans un autre univers. Être nommés dans la catégorie de la meilleure chanson change le regard du monde de Hollywood sur nous. Le film est sélectionné dans huit catégories, dont celle du meilleur film, du meilleur acteur pour Hugh Jackman, des meilleurs décors et des meilleurs costumes. Anne Hathaway remporte la statuette dorée pour son interprétation poignante de Fantine ; nos amis du son Andy Nelson, Mark Paterson et Simon Hayes pour le meilleur mixage, Lisa Westcott et Julie Dartnell pour les maquillages et les coiffures. Comme nous connaissons très peu de monde, une attachée de presse nous pince le bras en fonction de l'importance de nos interlocuteurs : un petit pincement pour une personne qu'il suffit de saluer, un autre plus fort lorsqu'il faut assurer une conversation !

Grâce à ces prix, le succès du film explose partout dans le monde ; bientôt des propositions arriveront pour le film de *Miss Saigon*. Mais ne brûlons pas les étapes.

Eric Fellner (Working Title) reçoit le Golden Globe du meilleur film

En haut à gauche : Alain et Marie Zamora
En haut à droite : Anne Hathaway
Milieu : Alain, Claude-Michel, Tom Hooper, Anne Hathaway
Bas gauche : Simon Hayes, Mark Paterson et Andy Nelson reçoivent une statuette pour le meilleur mixage
Bas droite : Lisa Westcott et Julie Dartnell sont récompensées pour les maquillages et les coiffures

Décors de John Napier pour *Miss Saigon*, Drury Lane Theatre, 1989

CHAPITRE 13
MISS SAIGON

Qu'avons-nous appris de cette formation exceptionnelle au perfectionnement de la fabrication d'une comédie musicale au sein de ce monde anglo-saxon qui a inventé le genre ? Pour le savoir, il faut appliquer nos connaissances à un nouveau sujet, ressentir un enthousiasme aussi fort pour qu'il nous porte, sur plusieurs années, de l'écriture du premier livret jusqu'à l'*opening night*. Dès 1985, nous avons parfaitement conscience que nous devons proposer un nouveau spectacle avant deux ans, sinon nous deviendrons des *one-hit men*, des hommes d'un seul succès.

UN DRAME MODERNE

CLAUDE-MICHEL

En 1985, alors que *Les Misérables* déménagent du Barbican Center au Palace Theatre, je travaille à l'aménagement de la partition. En effet, la scène étant plus grande, les acteurs prennent plus de temps pour se déplacer et je dois allonger un peu la musique. Lors d'une pause, je lis le supplément de *France Soir*. Un article attire mon attention : avec l'espoir d'offrir un avenir meilleur à son enfant

Lea Salonga (Kim) et David Platt (Tam), Drury Lane Theatre, 1989

Lea Salonga (Kim), Simon Bowman (Chris)
et la troupe, Drury Lane Theatre, 1989

qu'elle a eu avec un GI pendant la guerre, une Vietnamienne est parvenue à le retrouver, désormais marié aux États-Unis. Il accepte de reconnaître l'enfant et de l'accueillir en Amérique. À l'époque, il est impossible pour les autochtones de quitter le pays. La photo qui illustre le récit m'impressionne. On y voit la petite fille en pleurs quitter sa mère, statufiée de douleur, qui sait qu'elle ne la reverra jamais. Cette histoire m'évoque *Madame Butterfly*, le premier opéra que j'ai vu de ma vie. L'idée de s'en inspirer pour le moderniser et d'en faire une comédie musicale me trotte dans la tête depuis longtemps. J'adore Puccini à qui, au passage, on a suggéré d'adapter *Les Misérables*, sans que cela aboutisse. Le « malentendu tragique » entre Butterfly et Pinkerton me fascine, si ce n'est que je trouve ce dernier odieux. Notre obsession pour *West Side Story* ressurgit : ce qui a été fait en prenant pour base *Roméo et Juliette*, nous pouvons le faire avec *Madame Butterfly*. Mais nous ne trouvons pas immédiatement l'époque dans laquelle transposer idéalement cette histoire. C'est alors que je tombe sur un autre article, qui raconte en images la guerre du Viêt-Nam.

ALAIN

Claude-Michel m'en parle, très excité par l'hypothèse de situer notre projet durant cette période. Je partage son enthousiasme pour cette période troublée en pensant que la défaite des Français en Indochine n'avait pas servi de leçon aux Américains et nous choisissons donc de placer l'intrigue en 1975, au moment du retrait des troupes américaines et de la chute de Saigon. En opposition, une scène d'ouverture burlesque m'apparaît : un concours de beauté minable que j'avais toujours rêvé d'intégrer à une comédie musicale. Une idée qui deviendra celle de l'Ingénieur, le tenancier d'un bar, le Dreamland, pour les derniers GI encore en poste. La même idée m'inspire un titre : *Miss Saigon*. Claude-Michel aime beaucoup. Nous creusons davantage : deux personnages issus de milieux populaires, Kim, une jeune Vietnamienne, nouvelle venue dans le disco-bar pour tenter de survivre, et Chris, le GI idéaliste, seront les héros du même âge de cette

Gauche : Lea Salonga (Kim) et Jonathan Pryce (l'Ingénieur), 1989
Droite : Lea Salonga (Kim) et Simon Bowman (Chris), 1989

tragédie musicale. Le troisième protagoniste, l'Ingénieur, inspiré de Goro dans l'opéra de Puccini, vit de tous les trafics souterrains de la guerre et profite des derniers clients de son bar, pour organiser ce concours de beauté truqué, qui n'est que la façade d'un réseau de filles à vendre. C'est là que Kim et Chris se découvrent pour la première fois.

Après deux années de travail, nous aboutissons à une version en français

Richard Malby Jr, Alain et Claude-Michel durant les répétitions

sur cassette qui nous bouleverse et que nous présentons à Cameron. Il reste interdit. « Je m'attendais à tout sauf à cela, j'ai besoin d'un temps de réflexion. » En repartant, j'oublie mon script dans le taxi. Je prends cela comme un mauvais présage. À mon fils Stéphane, qui me demande comment ça s'est passé, je réponds : « Mal, peut-être qu'on a commencé à croire ce qu'on dit de nous. » Autant dire que l'appel de Cameron le lendemain soir me laisse interdit à mon tour : « C'est mon prochain spectacle, encore plus grand et plus opératique que *Les Misérables*, et pour cela je vais réserver le plus beau théâtre de Londres, celui où j'ai été ouvreur à quinze ans, le Drury Lane. » Le rêve !

LA CONCRÉTISATION

Afin d'appréhender au mieux la mentalité d'un GI, Cameron est persuadé – et m'en convainc – que cette fois je dois coécrire l'adaptation de la pièce en anglais à partir de mon texte français en collaboration avec un coauteur américain. Il me présente Richard Maltby Jr. qui, amateur d'opéras et auteur renommé de comédies musicales, comprend parfaitement le monde d'où nous venons,

Claude-Michel et William Brohn

Claude-Michel et moi. Il décrypte l'âme de Chris et les soubresauts de la société américaine coupée en deux à l'issue de cette guerre sanglante et inutile – la première perdue par son pays. Je me sens moi-même très proche de Kim, dont l'esprit de sacrifice et le respect des traditions orientales et familiales, dans sa situation d'exclue de la société, me touchent énormément. Notre collaboration a été un moment inoubliable d'échange, un ping-pong d'idées, de lectures partagées et de rires bilingues, à nouveau en grande partie à Quiberon, face à la mer et aux embruns de la marée montante et descendante.

CLAUDE-MICHEL

De même, pour que la partition ait un son plus américain, je collabore avec William F. Brohn, un orchestrateur réputé de Broadway. Afin de choisir quels instruments asiatiques rejoignent l'orchestre, nous passons plusieurs heures à New York auprès d'un collectionneur qui nous fait une démonstration de chacun d'entre eux. Dans ma composition, je choisis de citer Puccini par quelques notes reconnaissables dans « You Will Not Touch Him ». Je considère l'élaboration d'une partition d'une comédie musicale comme une course de fond. Je me méfie des sprints, ces chansons qui provoquent l'arrêt du spectacle pour un applaudissement, les *showstoppers*. « The American Dream » en est un. La musique qui suit doit être au niveau, au risque de perdre le spectateur.

Alain et Lea Salonga

À l'instar de Valjean, trouver qui incarnera Kim se révèle un parcours du combattant qui nous conduit à auditionner dans les communautés

L'affiche originale,
créée par l'agence Dewynters

asiatiques de Londres, New York, San Francisco, Los Angeles… Sans succès. Claude-Michel pense alors aux Philippines, un pays qu'il sait très religieux, où l'on chante beaucoup dans les églises, et qui a été initié à la comédie musicale pendant l'occupation américaine. C'est à Manille que nous découvrons une jeune chanteuse, déjà fort connue dans le pays. Lea Salonga, seize ans, nous fait la surprise de sortir de sa besace l'album anglais des *Misérables*, qu'elle nous demande de dédicacer. Elle interprète alors « On My Own ». Époustouflant ! Aucun doute, c'est elle notre Kim. Par la suite, nous auditionnons des garçons et des filles, une mine d'or de talents qui vont constituer toute l'équipe asiatique de la troupe de la création. Cameron, comprenant d'instinct le réservoir unique de talents de ce pays, décide de créer à Manille une *Miss Saigon School* qui formera les futurs interprètes des troupes du spectacle, qu'il n'imagine déjà pas autrement que devenant un succès dans le monde pendant de nombreuses années. À notre retour à Londres, Jonathan Pryce, le grand acteur anglais de théâtre et de cinéma, annonce souhaiter jouer l'Ingénieur et nous propose de l'auditionner. Sa prestation est mémorable et sa création du rôle un modèle pour tous ceux qui le joueront par la suite.

À la création à Londres, nous ne rencontrons pas de problème majeur. Le metteur en scène, Nicholas Hytner, nous oblige toutefois à modifier une scène importante du second acte, celle où Kim, devenue mère, apprend le retour de Chris à Saigon : « Trop de bonheur pour moi toute seule » devenue « Too Much for One Heart ». Il ne s'imagine pas diriger Lea Salonga, chantant encore une autre chanson en solo alors que la dramaturgie s'accélère

Simon Bowman et l'hélicoptère,
l'un des temps forts du spectacle

vers le tragique dénouement. Richard et moi réécrivons dans la soirée la chanson qui devient un duo entre Kim et John, le meilleur ami de Chris, qui a retrouvé par accident la trace de l'enfant que celui-ci avait conçu sans le savoir. Sur la scène du Drury Lane, John Napier signe encore une fois la scénographie avec un point d'orgue spectaculaire : l'apparition d'un hélicoptère. Nous l'avons mentionné dans le livret, et voilà que, à notre stupéfaction, un vrai hélicoptère en taille réelle vient, au second acte, chercher les derniers ressortissants américains sur le toit de leur ambassade et décolle à l'intérieur du théâtre en abandonnant sur place à leur triste sort les Vietnamiens qui ont collaboré avec eux. David Hersey, le metteur en lumière du spectacle (ainsi que de *Cats* et des *Misérables*), a contribué largement à faire de cet envol un moment iconique de l'histoire de la comédie musicale.

Une fois encore, Lady Diana compte parmi nos fans, elle adore *Miss Saigon*. Elle préside la soirée spéciale d'avant-première au profit d'une grande œuvre de charité britannique qu'elle patronne. Elle nous distribuera plus tard certaines des récompenses qui seront décernées à notre comédie musicale à Londres. L'accueil du public le soir de la première le 20 septembre 1989 dans cette immense salle, ancien opéra de Londres, nous rassure sur notre avenir. Pour la *party* après le spectacle, Cameron a décidé de reconstituer un marché flottant d'Asie et les invités sont transportés par bateau sur la Tamise vers le lieu des réjouissances où ils sont accueillis par de multiples plats asiatiques, avec la musique de *Miss Saigon* en fond sonore. Inoubliable !

Alain et Lady Diana lors d'un gala de charité, 1989

ALAIN
Pendant l'ovation finale, je me souviens d'avoir levé la tête vers le balcon et découvert mes deux grands fils, Stéphane et Sébastien, en larmes, provoquant immédiatement les miennes, occultant l'ovation debout du public, comme dans un film où un personnage ne vit plus l'instant qu'à l'intérieur de lui-même alors que le son extérieur s'estompe. Je suis en communion intense et silencieuse avec eux. La presse du lendemain est unanime. Nous sommes désormais implantés dans le monde du *musical* anglo-saxon.

CLAUDE-MICHEL
L'un des moments les plus émouvants pour moi est de convier à une représentation Jacques Sclingand, qui m'avait fait entrer chez Pathé-Marconi. À l'entracte, je le vois assis, seul dans une rangée vide de ce grand théâtre, la tête entre les mains. Je m'approche et m'aperçois qu'il pleure comme un enfant. Lorsqu'il relève la tête, il me dit : « Tu te rends compte de ce que je viens de voir ? Comment aurais-je pu imaginer cela lorsque nous nous sommes rencontrés ? » Tout cela, c'est un peu à lui que je le dois, à toute la connaissance qu'il m'a permis d'acquérir.

UN SUCCÈS MONDIAL

Le spectacle triomphe à Londres, la prochaine étape est Broadway. Après de multiples auditions infructueuses à New York, Cameron décide que la création américaine se fera avec Jonathan Pryce (l'Ingénieur) et Lea Salonga (Kim) et de les remplacer à Londres. Surprise : le syndicat des acteurs américains se mobilise. Le rôle de l'Ingénieur ne pourra pas être joué par un acteur caucasien aux yeux maquillés, ce qu'ils considèrent comme une insulte aux artistes asiatiques. Le syndicat choisit d'ériger cette situation en « cause célèbre ». D'abord limitée à une profession, l'affaire devient rapidement celle de tout Broadway, de tout New York, de toutes les villes d'Amérique ayant une importante communauté d'acteurs asiatiques. Les rédactions des journaux du monde entier – y compris *Le Monde* en France – relaient ce coup de tonnerre, et pas seulement dans les pages culturelles.

Au point de rupture, à la demande de Cameron, nous partons d'urgence à New York pour une réunion avec le syndicat des acteurs de Broadway. Malgré une ambiance conciliante et polie au début, ses membres campent sur leur position et exacerbent la nôtre. Cameron décide, après nous avoir consultés, d'annuler le spectacle et de rembourser vingt-cinq millions de dollars de billets déjà vendus. Ce qu'il fit. C'est un tremblement de terre à Broadway. Forts du dicton « Broadway is the best New York has to offer », les restaurateurs et les hôteliers de Times Square se rebellent et démarchent auprès du maire de la ville pour que le spectacle qui leur garantit des retombées financières considérables soit à tout prix à l'affiche.

ALAIN

Quelques semaines plus tard, le syndicat fait machine arrière, les réservations repartent de plus belle et nous revoilà enfin à New York pour les premières répétitions, malgré quelques manifestants à l'entrée du théâtre – on peut lire sur une pancarte « *Lyricist pigs* » destiné à Richard Malbty Jr. et à moi-même. Cette nouvelle frange de contestataires a décidé que le spectacle véhicule une image dégradante des femmes asiatiques, qu'il travestit la réalité tragique, alors qu'il essaie au contraire d'en montrer dès l'ouverture la complexité et appréhender comment le malentendu entre deux pays va bientôt contaminer une histoire d'amour entre deux jeunes gens sincères. Kim est une héroïne hors-norme, la raison d'être de ce spectacle.

La première est un triomphe. Le *New York Times* publie une critique le lendemain qui encense le spectacle et nous place à l'égal des plus grands de la comédie musicale américaine. Lea et Jonathan, les mal-aimés du début de l'histoire, gagnent le Tony Award de la meilleure actrice et du meilleur acteur.

Miss Saigon devient un grand succès mondial. À ce jour, plus de trente-huit millions de spectateurs l'ont vu. Ce *musical* se hisse la sixième place d'un classement récent établi à partir des avis du public anglais, *Les Misérables* étant à la première. La nouvelle production réinventée par Laurence Connor et James Powell se joue toujours un peu partout dans le monde et fait partie aujourd'hui du répertoire des comédies musicales de référence. Avec la bénédiction de Cameron, une nouvelle production a été créée à Sheffield en Angleterre en 2023, sans hélicoptère ni décor spectaculaire, et une troupe réduite à dix-sept personnes. Le succès a été identique. L'histoire et la partition sont entrées dans l'imaginaire collectif.

Malgré le succès, Cameron réfléchit sans cesse aux améliorations à apporter

Haut : Alain, Claude-Michel et William Brohn
Bas à gauche : Claude-Michel, Cameron Mackintosh (de dos), Alain et Richard Maltby Jr
Bas à droite : John Napier

aux œuvres et il peut demander un changement dans une scène ou une chanson des années après leur création. Cela peut être des mots, quelques lignes, parfois une chanson nouvelle. Ce fut le cas pour « Maybe », la chanson d'Ellen dans *Miss Saigon*, qui connut quatre versions différentes avant d'aboutir à celle que nous espérons définitive. Nous souhaitions également améliorer la scène de la mort de Kim. L'influence de Cameron n'a fait que renforcer notre propre exigence. Là encore notre credo s'applique : on n'écrit pas une comédie musicale, on la réécrit.

À la même époque, l'embrasement populaire autour des *Misérables* se transforme en feu continu. Le nombre de productions de Cameron grandit en même temps que celui de ses bureaux et de ses employés. Près de cent personnes s'occupent au quotidien des *Misérables* tant pour les représentations londoniennes que pour celles qui en sont les répliques ailleurs dans le monde, avec une distribution originale dans chaque ville et toujours dans la langue du pays.

Jonathan Pryce (L'Ingénieur), Broadway Theatre, New York, 1991

CHAPITRE 14
LES AUTRES ŒUVRES, EN RACCOURCI

MARTIN GUERRE (1996)

Un soir, à New York, à l'issue d'une journée d'auditions, nous nous confions l'un à l'autre. « J'ai l'idée d'un nouveau spectacle : *Martin Guerre* ! », nous exclamons-nous simultanément. Cette fameuse histoire d'usurpation d'identité au XVIe siècle, sans avoir la force des œuvres précédemment adaptées, porte en elle suffisamment d'ambiguïtés pour nous plaire. Comment faire de deux menteurs des héros ? Comment les faire aimer du public, comment faire accepter leur chant d'amour sincère ? Nous, nous les aimons tels qu'ils sont, capables de transgresser tous les préjugés, toutes les règles par l'exaltation d'une histoire d'amour aussi vraie qu'inattendue. Nous nous orientons vers une comédie musicale de chambre qui nécessite moins de moyens, un peu à l'image de *A Little Night Music* de Stephen Sondheim.

Artigat, le village de *Martin Guerre*, en flammes, tournée américaine, 1999

CLAUDE-MICHEL

Je souhaite consulter le livre de Jean de Coras, le juge qui a instruit l'affaire et l'a rendue célèbre. À la Bibliothèque nationale on me répond qu'en raison de la fragilité du recueil, il faut une autorisation de l'administrateur. Je rentre dans le bureau de sa secrétaire pour remplir un formulaire, une porte s'ouvre et j'entends alors : « Claude-Michel, que fais-tu là ? » Je reconnais en l'administrateur un ancien camarade de classe ! Je peux par conséquent consulter l'ouvrage, muni de gants blancs et en tournant les pages avec un bâton. Si déchiffrer les caractères de l'époque constitue un défi, cette lecture me passionne et offre une base pour un livret.

Nous continuons cette recherche en allant tous deux à Lyon consulter d'autres archives où nous découvrons que le juge de Coras n'était pas insensible à la personnalité (et à la beauté ?) de Bertrande. Ce spectacle comporte des séquences parlées, principalement dans la bouche du juge lors de ses interrogatoires privés avec les protagonistes de l'histoire. La question principale et récurrente de *Martin Guerre* repose sur l'identité de cet homme qui revient sept ans plus tard dans son village et que tous les villageois, même sa femme, reconnaissent. Est-ce Martin Guerre ou un imposteur ? La décision majeure était de choisir le moment auquel nous révélerions la vérité.

Nous rêvons de personnages à la *Bonnie and Clyde*. L'élaboration du livret nous donne du fil à retordre : pas moins

L'affiche au Prince Edward Theatre

de trente brouillons pour aboutir à une première écriture complète de la musique et des textes. Nous faisons

Alain, Iain Glen et Juliette Caton durant les répétitions, 1996

écouter, comme à notre habitude, une bande-démo en français à Cameron qui nous demande où se cache la grande histoire derrière la petite. Nous lui répondons que l'intrigue se déroule dans un lourd contexte de guerre entre protestants et catholiques en France, ce qui provoque son enthousiasme et son désir de produire le spectacle. Nous préférerions nous en tenir à notre intrigue intime et prenons bien soin que cet élément ne soit pas amplifié comme si le massacre de la Saint-Barthélémy (qui n'aura lieu qu'en 1572) s'était déroulé dans le village d'Artigat. Convaincu par le bien-fondé de ce projet, Cameron affirme : « Ce sera mon opéra. » Pour la première fois, nous n'avons pas exactement la même vision du futur spectacle.

CLAUDE-MICHEL

Je veux un orchestre très réduit, avec beaucoup de bombardes, de violes. Pour transporter le public en 1560, il faut que cela sonne comme très terrien. La mise en production pose différents problèmes puisque Cameron mise de nouveau sur une scénographie grandiose, spectaculaire. Nous nous laissons entraîner par l'instinct de notre producteur.

ALAIN

L'écriture de la version anglaise passe par les bons moments et les affres habituels. L'adaptateur

Iain Glen (Martin) et
Juliette Caton (Bertrande),
Prince Edward Theatre,
1996

choisi par Cameron est Edward Hardy, qui écrit seul. Je collaborerai ultérieurement à une réécriture avec un autre auteur anglais, Stephen Clark, pour de nombreux changements. Le metteur en scène est Declan Donnellan, un chouchou de la scène d'avant-garde anglaise, élève de Peter Brook. Nous sommes enthousiastes, persuadés qu'il va faire de *Martin Guerre* l'équivalent de ses habituelles productions inspirées et intimistes. Mais la rencontre de Declan avec une œuvre intégralement chantée et l'ambition de grand opéra de Cameron pour ce projet nous entraînent à nouveau tous vers un grand spectacle. Nous réalisons vite à quel point la complexité et l'ambiguïté de cette histoire se reflètent dans tous les choix que nous ferons – dramaturgie, texte, musique, mise en scène –, et combien le chemin est plus long cette fois pour arriver à l'unanimité et à une version digne d'être présentée à un public.

Pourtant, nous devons à *Martin Guerre* un très beau succès critique à Londres et, à notre surprise, recevons notre premier Laurence Olivier Award de la meilleure comédie musicale. Le succès à Londres provoque l'intérêt aux États-Unis et constitue le prochain test. La tournée débute au Guthrie Theater de Minneapolis puis passe par le Kennedy Center à Washington et, là encore, malgré de bons articles dans la presse locale et un public très nombreux, la fragilité du résultat reste pour nous palpable. Cameron comprend que le spectacle n'est pas calibré pour Broadway et, alors que le théâtre est réservé, nous y renonçons ensemble.

À nos yeux, cette comédie musicale est restée bancale, tiraillée par les désirs contradictoires des intervenants dans sa création. Chacun a greffé ses rêves sur *Martin Guerre;* c'est une erreur, car c'est la comédie musicale qui doit dicter les siens. Nous avons donc repris le travail depuis trois ans à partir de nos vœux d'origine, de notre première impulsion, et entamé une fascinante réécriture, à la suite de la sollicitation d'un grand metteur en scène et directeur de théâtre à Londres, pour une nouvelle création qui devrait voir le jour en 2025.

WUTHERING HEIGHTS (2001)

CLAUDE-MICHEL

Je reçois un appel des bureaux de Cameron: le directeur de l'English National Ballet (ENB) souhaite monter *Wuthering Heights* (*Les*

Hauts de Hurlevent) et cherche un compositeur. Je suis loin d'être un spécialiste du genre, même si une phrase que j'avais lue bien des années plus tôt, m'avait marquée : « Le ballet est l'expression de la spiritualité du danseur au travers des mouvements. » La rencontre se conclut par mon accord. Je me mets au travail, relis le roman, établis une structure, me retire dans le sud de la France pour composer, en m'astreignant à des horaires de bureau (suivis d'un cours de tennis, histoire de rester en forme !). Je n'ai pas à me soucier des contraintes liées aux limites de la voix humaine, et peux parfaitement changer de ton ou écrire des notes très hautes. Cette liberté me plaît. Tout est terminé en huit mois, quand j'apprends que le directeur quitte l'ENB. Sa présidente, mon amie Angela Rippon, suggère que le projet pourrait intéresser le Northern Ballet et son nouveau chorégraphe David Nixon. Ce dernier, au premier contact, me confie son amour pour *Les Misérables* qui, dit-il, ont changé sa vision artistique. Lorsqu'il a vu le spectacle la première fois, il est resté assis dans le théâtre au moins un quart d'heure après la fin de la représentation tant il était ému. L'écoute de ma musique le convainc de se lancer dans cette chorégraphie ; son répertoire compte nombre d'adaptations d'histoires fortes.

Charlotte Talbot et Claude-Michel

Quelques mois après, il m'invite à voir son ballet inspiré de *Madame Butterfly* et compte me présenter, à l'issue de la représentation, la première danseuse de *Wuthering Heights*, Charlotte Talbot, dont je remarque le joli manteau rose. Autant le dire : ce ne fut pas *love at first sight*. J'assiste aux répétitions, ce qui a étonné David, mais étant l'auteur du livret et de la musique, il est plus simple que je sois là en cas de modifications. Le ballet remporte un vrai succès, je trouve en Charlotte une excellente danseuse doublée d'une très bonne actrice. Un an plus tard, à l'issue de la tournée, arrive la dernière : une journée très chargée car marquée par une imposante manifestation contre la première guerre en Irak. J'invite Charlotte à déjeuner afin de la remercier pour son travail magnifique et là, je ne sais pas ce qui s'est passé… À la fin du déjeuner, c'était trop tard ! Nous avons fini par nous marier. C'est alors que je me suis installé définitivement à Londres.

Dix ans plus tard, David a eu le souhait d'un autre ballet : *Cleopatra*. Je choisis de visiter la vie de cette femme par le biais des trois hommes importants dans sa vie. Au bout de quelques mois, David ne sait plus trop si ce projet le passionne, mais en écoutant les six premières minutes, la danse de la reine avec le serpent, il me regarde : « Je ne peux renoncer à cette chorégraphie ! » Ce fut, à nouveau, un très bon succès en Angleterre.

THE PIRATE QUEEN (2006)

Pour la première fois dans notre carrière, nous avons accepté une commande de producteurs. Qui plus est pour une intrigue qui se termine bien ! Nous avons déjà refusé la proposition de Disney d'écrire les chansons pour *Tarzan*, le film musical, préférant

Stéphanie J. Block (Grace O'Malley), Broadway, 2007

rester au moins partiellement maîtres de nos œuvres, chose inacceptable pour cette firme. Moya Doherty et John McColgan, à l'origine de *Riverdance*, nous proposent d'explorer la vie de l'intrépide pirate irlandaise du XVIe siècle, Grace O'Malley, et d'écrire une comédie musicale qui la retrace. Le contexte historique, la rencontre avec Élisabeth Ire, la vision de cette femme, capitaine de navire téméraire dans un univers machiste, constituent autant d'éléments qui nous intriguent.

CLAUDE-MICHEL

Toutefois, le doute m'assaille sur le bien-fondé de ce projet qui ressemble trop à un coup commercial. Pourtant je commence à composer l'ouverture. Je fais part à Alain de mes doutes.

ALAIN

J'étais moi-même à moitié convaincu, même si j'aimais beaucoup la complexité du personnage principal. Comme nos décisions sont toujours unanimes, j'étais prêt à renoncer au projet. Quelques jours plus tard, en pleine contradiction, Claude-Michel m'annonce avoir composé la première demi-heure de musique d'après le livret que nous avions ébauché.

CLAUDE-MICHEL

Alain écoute et, impressionné, me rassure. Il pense même que j'ai composé les prémices de ma plus belle partition et je ne suis pas loin d'être d'accord ! À partir de ce moment, nous nous mettons à l'ouvrage.

ALAIN

Je demande à un jeune auteur qui avait déjà travaillé avec Cameron, John Dempsey, de collaborer avec moi pour l'écriture des paroles, qui demandent une grande familiarité avec les traditions irlandaises de l'époque et un langage approprié. Nous progressons rapidement mais le doute ressurgit sans prévenir.

CLAUDE-MICHEL

L'enthousiasme des producteurs nous touche et nous remotive, mais ils voient les choses de manière de plus en plus classique et ambitieuse. Ils envisagent immédiatement des représentations à New York, alors que Dublin semble naturellement plus en rapport avec l'aspect patrimonial du récit, et abandonnent vite l'idée d'un chapiteau de cirque itinérant où nous imaginions ce *musical*, proposition qu'ils trouvent intéressante mais peu viable économiquement. Pourtant, je me serais bien vu vivre comme un saltimbanque pour cette création.

ALAIN

Frank Galati, engagé comme metteur en scène, abandonne malheureusement trop vite les idées avant-gardistes qui ont fait sa réputation avec la troupe du Steppenwolf de Chicago, pour faire un *Broadway show*. Le Hilton Theatre accueille le spectacle. Je n'aime pas ce lieu qui ressemble à un grand couloir ! Nos noms attirent des spectateurs, mais le spectacle ne se hisse pas au niveau de nos attentes et nous quittons l'affiche après moins de cent représentations. Le 23 février 2020, une soirée de charité au Coliseum de Londres présente une version de concert avec une distribution formidable. Cette redécouverte de l'œuvre confirme au moins la qualité intacte de la partition et le regret de ne pas avoir réussi à en écrire le livret parfait qui aurait donné naissance au spectacle dont nous rêvions.

Pour que *The Pirate Queen* se remette à flot, il faudrait revoir beaucoup de choses, gommer le côté « film de pirate », et recentrer l'histoire sur l'essentiel : deux femmes en avance sur leur temps, la fille d'un pirate de la mer d'Irlande et Élisabeth Ire, la reine d'Angleterre, qui négocieront un jour l'avenir de leurs deux pays. Leur duo « You Who Have All », serait d'une actualité poignante aujourd'hui, ainsi que la chanson de Grace, « Woman », devenue un hymne féministe repris dans de nombreux concerts. C'est aujourd'hui un classique des auditions dans le West End et à Broadway.

MARGUERITE (2008)

ALAIN

Michel Legrand a souhaité rencontrer Marie Zamora, désormais mon épouse, après avoir écouté un album que j'avais réalisé, coproduit avec Gilbert Marouani, dans lequel elle interprétait les grands airs de comédie musicale et de musique de films. Parmi eux, une version des *Parapluies de Cherbourg* qu'il avait aimée au point de la contacter pour lui demander d'être sa partenaire pour la série de concerts qu'il préparait. Ils sillonnent le monde pendant huit ans, accompagnés d'un sublime orchestre de musiciens français, avec un spectacle conçu comme un voyage dans l'œuvre du compositeur. Il réorchestre ses succès et leur duo des *Parapluies*

Herbert Kretzmer, Alain,
Claude-Michel et Michel Legrand

sur scène est éblouissant. Un soir où j'étais allé les voir à Saint-Pétersbourg, il me dit son souhait de composer une comédie musicale pour Marie, sans avoir d'idée de sujet, et me demande si je voudrais l'écrire avec lui. Dans un premier temps, j'en parle à Claude-Michel, qui me confirme dans mon envie de saisir cette possibilité de collaborer avec Michel, qu'il admire tellement. Claude-Michel me souffle qu'il voit en Marie un personnage du XIXe siècle. L'idée germe d'adapter *La Traviata*, c'est-à-dire de me pencher sur la relecture du roman d'Alexandre Dumas fils, *La Dame aux camélias*, qui a donné naissance à l'opéra. Je cherche dans quelle époque situer une intrigue similaire. J'imagine Paris pendant la Seconde Guerre mondiale, les collabos, les déportés, les rares résistants et les nombreux profiteurs au milieu de la vie nocturne qui continuent comme si la tragédie ne les concernait pas. Je bâtis une histoire avec un trio tragique : l'officier allemand, la Parisienne entretenue et le jeune pianiste amoureux fou d'une femme plus âgée que lui.

J'en parle à Michel, qui adore l'idée. Je commence à rédiger un livret. Il me joue des mélodies, j'écris des bouts de texte, il s'excite comme un gosse quand il aime. Je suis très fier. Dans son chalet de Crans-Montana où nous travaillons, il me joue, impromptu, une mélodie peu connue de Gershwin : « C'est beau, n'est-ce pas ? », puis on se remet au travail. Le projet s'appelle provisoirement *Marguerite et Armand*. Michel écrit l'air « Pour un baiser » en pensant à Marie. Il achète même un nouveau piano pour me le jouer ! La musique me touche au cœur, ce sera le thème central du spectacle. À ce stade, un ami anglais, le metteur en scène Jonathan Kent, s'intéresse au projet et un producteur français souhaite souhaite le monter à Paris avec Marie dans le rôle de Marguerite, comme prévu. Mais le sort s'en mêle : des problèmes de santé sérieux nous affectent Michel et moi, perturbent notre travail. Je crains de ne pas pouvoir finir le projet seul. J'appelle Claude-Michel à la rescousse et lui demande de m'aider à finir de réviser l'histoire, avec l'accord de Michel Legrand.

CLAUDE-MICHEL

Cela ne me pose aucun problème de me trouver assis au piano à côté de Michel Legrand sans toucher le clavier. Rendez-vous compte : pour moi, c'est Dieu le père ! À Vannes, j'allais commander ses disques. Le projet qu'Alain m'envoie part dans tous les sens, mais quelques musiques merveilleuses l'accompagnent. Pendant trois semaines j'écris seul, avec l'accord d'Alain, un récit qui se déroule toujours durant l'Occupation : une artiste française, pour sauver sa carrière et son confort, vit avec un colonel allemand. Elle se voit offrir pour son anniversaire des bas de soie et la présence d'un orchestre de jazz. Parmi les musiciens se trouve Armand ; c'est le coup de foudre auquel répond une attaque aérienne : le premier bombardement en région parisienne, le 3 mars 1942. Claustrophobe, elle ne veut pas aller dans un abri. Paniquée par une explosion qui souffle les vitres, Marguerite se réfugie dans ses bras. Il la calme, joue du piano. Par la suite, vous devinez que l'histoire ne se termine pas bien. Nous retravaillons avec Alain dans cette nouvelle direction.

Ruthie Henshall et Alexander Hanson (Marguerite et Otto), Haymarket Theatre, 2008

ALAIN

Notre coécriture du livret aboutit à une pièce assez différente de mon idée d'origine, le ton en est plus intime. Malheureusement, le projet de création à Paris n'aboutit pas et le découragement me gagne, sauf que... le Haymarket Theatre à Londres propose à Jonathan Kent de diriger toute une saison, avec trois mises en scène. Il choisit d'y présenter deux pièces et nous propose que la troisième soit notre comédie musicale, devenue *Marguerite*, avec Marie dans le rôle-titre en anglais. Je demande à Herbert Kretzmer d'écrire les textes anglais de la première version, maintenant terminée en français. Marie travaille d'arrache-pied avec Jonathan, et en même temps sur son anglais, pour être prête au moment où la comédie musicale prendra enfin son envol. Toutefois le Haymarket n'a pas l'habitude de produire seul des spectacles aux imposants budgets, comme ceux d'une comédie musicale, et nous acceptons de coproduire avec Claude-Michel. Hélas, après quelques présentations à des professionnels, il apparaît que Marie brille dans le rôle, mais ne maîtrise pas suffisamment l'anglais à ce stade. Elle se retire alors élégamment, mais profondément blessée, de la pièce qui avait été écrite pour elle. Après de nouvelles auditions, Ruthie Henshall prend le relais. Le rideau se lève, mais le public londonien est désarçonné par cet amour entre une Française et un dignitaire allemand. Cela ne passe pas, le public et la presse condamnent le personnage de Marguerite. Le succès escompté n'arrive pas, nous arrêtons plus vite que prévu.

Quelques années plus tard, Marie pansa en partie ses blessures en mettant en scène avec succès *Marguerite* à Ostava en Tchéquie, dans une version où elle collabora aussi à la réécriture de quelques scènes. Dix ans plus tard, j'ai choisi (en accord avec Claude-Michel), de revenir à la version initiale de mon histoire, qui se déroule en grande partie au Bal Tabarin, le cabaret parisien le plus extraordinaire et extravagant du temps de l'Occupation. J'ai pu achever et réaliser une démo de cette nouvelle version, enregistrée par Michel et Marie pour l'essentiel, et avec quelques interventions de mon fils Maxime, après la disparition de Michel. Je suis toujours à la recherche d'un producteur. Michel n'est plus parmi nous, mais j'espère monter

L'affiche de la création à Londres et celle de la version tchèque.

ce musical un jour en français, à sa mémoire.

LES TIROIRS PLEIN DE DOUTES

Notre curiosité reste en éveil en permanence. Chaque nouvelle découverte ne porte pas en elle la perspective d'une adaptation, mais les lectures, l'écoute d'œuvres musicales, certains films ou, plus simplement, l'observation de la vie qui nous entoure restent des vecteurs potentiels. Vous aurez compris que s'engager sur une comédie musicale implique plusieurs années de travail, nous devons donc sélectionner avec soin ce qui pourra devenir un nouveau spectacle. Avec l'expérience, il nous est apparu que certaines œuvres se dérobent à nous, il est parfois difficile d'expliquer pourquoi. Travailler à deux cerveaux et quatre mains révèle alors tout son intérêt : si les doutes de l'un sont renforcés par ceux de l'autre, il est temps d'arrêter l'ébauche du projet. Une idée qui, au final, manque de force ? Une structure dramatique qui se refuse à nous ? Une adaptation qui aura du mal à s'incarner dans nos rêves ? Si nous ouvrons nos tiroirs, voici quelques exemples de ce qu'ils contiennent.

ALAIN

Nous avons par exemple caressé le souhait de travailler à partir du *Roi d'Ys*, l'opéra d'Édouard Lalo. L'histoire d'une ville bretonne engloutie par les flots qui n'aurait pu qu'inspirer Claude-Michel ! Nous avons fait quelques recherches en Bretagne, avons imaginé un opéra sous l'eau... puis noyé le projet.

CLAUDE-MICHEL

J'ai eu l'envie d'adapter le film russe *Quand passent les cigognes*, réalisé par Mikhaïl Kalatozov, qui obtint la Palme d'Or à Cannes en 1958. L'intrigue parle de la guerre, mais le réalisateur, au lieu de mettre en avant un fervent sentiment patriotique, comme il était de coutume, oriente notre regard vers des gens ordinaires : Veronika, son mari le valeureux Boris, le cousin de celui-ci, le pianiste Mark, couard et manipulateur. Une séquence paroxystique avait provoqué un début d'inspiration musicale : on y voyait l'héroïne, vivant dans la famille de son mari parti combattre, alors que sonnait l'alerte, refuser de se réfugier dans le métro. Mark, qui la convoite, abandonne son clavier lorsque les bombes commencent à tomber ; elle se réfugie dans ses bras, mais refuse cet amour en le giflant. Le spectateur ressent ces sentiments violents, évoqués par des cadrages très précis inspirés de l'expressionnisme, mais aussi par la bande-son : le bruit de la guerre qui se mêle à une musique tonitruante. Quelques scènes plus tard, Boris, sur le champ de bataille, est tué en aidant un soldat. Là encore, la mise en scène de sa mort m'impressionne. Le ciel s'éloigne de lui, les bouleaux semblent tourner alors qu'il imagine, dans son agonie, le mariage avec Veronika. La dimension romantique et romanesque était là. Cela aurait pu donner une belle tragédie musicale.

Dans un tout autre domaine, puisque l'histoire est traitée comme un conte, *Miracle à Milan*, de Vittorio de Sica (encore une Palme d'Or, en 1951), m'avait fait forte impression. On y rencontre Toto, un orphelin trouvé dans un chou par une vieille femme qui l'élève. À sa mort, il fera le bien autour de lui, mettant toute sa force à protéger les faibles qu'il conduit, à la toute fin du film, volant sur les balais empruntés aux éboueurs, jusqu'au paradis. Le film oscille sans cesse entre fantastique et critique sociale. N'oublions pas que le cinéma italien d'alors est en plein néoréalisme. De belles envolées lyriques auraient pu marquer le spectacle. Mais l'histoire m'a résisté, comme s'il était écrit qu'elle ne m'était pas destinée.

ALAIN

Un jour, je me suis réveillé avec l'idée de raconter la vie compliquée du fils du diable et un titre : *Lucifer Junior*. Claude-Michel sourit, il est séduit. Nous travaillons dans plusieurs directions et nous retrouvons très vite dans une impasse. Aujourd'hui, je pense qu'il s'agissait plutôt d'un sujet de ballet. À suivre !! Une chose en particulier est à retenir : le succès offre une assise, mais la fragilité de la création perdure. Pour aboutir à une œuvre digne de ce nom, il faut sans cesse rester en quête de cette impulsion rare et irrésistible, qui vous porte loin et longtemps, sans laquelle les certitudes du jour deviennent le vide créatif du lendemain.

Claude-Michel et Alain à Londres

Sondheim Theatre, Londres

CHAPITRE 15

ET PENDANT CE TEMPS-LÀ, *Les Misérables...*

La force d'un rêve survit à la réalité même quand celle-ci le dépasse. C'est le socle indispensable qui aide à relativiser... *Les Misérables* vivent leur vie au-delà des murs des théâtres. Par exemple, Bret Easton Ellis en fait le spectacle favori de l'infréquentable Patrick Bateman dans son roman *American Psycho* en 1991. « Do You Hear the People Sing? » est devenu la chanson des libertés outragées à travers le monde. À Hong Kong, à Caracas, en Turquie, aux Philippines, en Corée du Sud, lors de manifestations politiques en faveur d'une société plus juste, comme Hugo l'avait prophétisé. La chanson est d'ailleurs désormais interdite en Chine.

En 2016, les candidats dans la course à la présidentielle des États-Unis en font leur hymne d'entrée en scène, Barack Obama et même Donald Trump, sans notre autorisation. Sur les réseaux sociaux existent d'innombrables versions du final du premier acte « One Day More » (« Le Grand Jour »), interprété par les amis des mariés en guise de surprise aux jeunes époux pendant le repas de noces ou encore sous forme de *flashmobs* (réunions spontanées) dans des centres commerciaux ou d'autres lieux publics. Quelques chanteurs amateurs déclenchent les chœurs et

Hong-Kong, 2014

les réponses impromptues de la foule, non prévenue, qui les rejoint pour une reconstitution de la scène dont ils connaissent la musique et les paroles par cœur.

Elizabeth II et ses invités à Windsor face à la troupe des *Misérables*

ENTENTE CORDIALE

Dans certains contes, les rois et les reines accueillent les héros en guise de *happy end*. Si elle ne marque pas bien heureusement la fin de l'histoire, la réception pour le centenaire de l'Entente cordiale donnée au château de Windsor en 2004 s'inscrit comme un moment fort dans le livre de nos souvenirs. La troupe et nous quittons le West End après le spectacle, exceptionnellement avancé d'une demi-heure ce soir-là. Nous arrivons précédés par des motards royaux, avec un léger retard. Au château, la reine Elizabeth II et Jacques Chirac, suivis de tous les ministres et ambassadeurs et invités présents à la soirée, ont déjà quitté l'immense table du dîner d'État offert par la reine en l'honneur du président français, pour rejoindre le magnifique théâtre et son dessert surprise à l'initiative de la reine Elizabeth elle-même, en l'honneur de son invité français. Les artistes, qui avaient gardé leurs costumes de scène, donnent une version réduite à trente minutes des *Misérables* que Cameron et nous avons conçue à partir des scènes principales. C'est un triomphe !

ALAIN

Mon fils Adrien, âgé de 10 ans, y joue le rôle de Gavroche en français au milieu des chanteurs anglais. La reine ignore totalement que Paris est l'une des rares capitales du monde où notre comédie musicale ne se joue pas en permanence. Après le spectacle, nous sommes conviés dans le salon privé du château de Windsor avec nos épouses Marie et Charlotte, par la reine et le duc d'Édimbourg auxquels s'est joint le prince Charles. Selon une tradition anglaise, Cameron est le chaperon de la reine, chargé de lui donner les explications d'usage sur le spectacle. Je suis le chaperon de Jacques Chirac et Claude-Michel celui de Bernadette Chirac, avec la même mission, pendant que le prince Philip discourt avec Marie et Charlotte. Nous découvrons que toute la famille royale britannique parle un français parfait, au cours d'une soirée intime et amicale avec *drinks* et *snacks* à volonté.

SUSAN BOYLE

Susan Boyle sort son premier album

La chance croise à nouveau le hasard en 2009. Dans l'émission de télévision « Britain's Got Talent », apparaît une dame mal fagotée d'un certain âge qui chante les premiers mots de « I Dreamed a Dream » comme si elle racontait sa propre vie. Elle provoque un raz-de-marée planétaire sur les réseaux sociaux, qui tient aussi à sa personnalité très particulière. Un peu comme si ce titre, pourtant enregistré par d'innombrables artistes célèbres (dont Aretha Franklin, Neil Diamond…), trouvait une véracité unique interprété par cette inconnue, dont on imagine en l'écoutant la vie d'une Fantine d'aujourd'hui. Cette résonance rend sa prestation poignante, exceptionnelle. Elle est sur les télévisions du monde entier avec ce titre. Simon Cowell, le producteur de l'émission, décide de produire son premier album intitulé *I Dreamed a Dream*. Les ventes de billets des *Misérables* étaient excellentes, elles explosent après son passage télévisé. Et la vie de Susan Boyle est bouleversée à jamais, et nous bouleversés, tout court.

LES MIS, EN PRISON

CLAUDE-MICHEL

Une expérience particulière et inattendue s'est déroulée en 2017 à Highdown Prison, dans le Surrey. Je me retrouve dans cet endroit glaçant, les bruits métalliques des portes qui se ferment semblent scander mes pas jusqu'à la salle de répétition ceinte de palissades. Des prisonniers participent à une prochaine représentation des *Misérables*, tout comme cinq jeunes femmes du West End. J'assiste à plusieurs filages et ressens des émotions très fortes face à ces gaillards, qui se donnent à fond dans leur interprétation. Quelle étrange mise en abyme avec le début du spectacle, où tous les prisonniers chantent ensemble avant que Valjean ne soit libéré sous condition... À la fin d'une session, un détenu, du genre armoire à glace, me demande de dédicacer la partition pour sa mère en me disant : « Quand je suis sur scène, je suis libre. » Ce témoignage m'a beaucoup touché. Quatre représentations sont prévues. Je ne peux y assister, mais on me rapporte qu'à la fin de chacune d'entre elles, l'émotion était si forte qu'il était difficile de calmer les pleurs. Les détenus étaient fiers d'avoir pu offrir cette prestation, le public heureux d'avoir pu les acclamer.

« DO YOU HEAR THE PEOPLE SING ?» : LE CONCERT

ALAIN

Je vis à New York depuis quelques années où se jouent simultanément, entre 1991 et 2001, *Les Misérables* et *Miss Saigon* et je repense souvent à *Martin Guerre* ou à *The Pirate Queen* qui n'ont pas eu le même destin, ou encore à la *Révolution française* qui, elle, en est restée à son premier succès originel parisien. Je rêve d'une idée de spectacle, une sorte de concert-promenade à travers les grands airs, les moins grands et les petites anecdotes de la création de toutes nos comédies musicales, interprétés par six ou sept solistes de nos spectacles de Londres, de Broadway ou d'ailleurs. Un producteur de concert est intéressé. J'écris un projet de spectacle qui raconte les réussites, les échecs, les réécritures qui, à travers les chansons, font du spectateur le témoin de nos expériences. Claude-Michel aime beaucoup l'idée, nous peaufinons le programme musical ensemble. Un premier concert test a lieu à Indianapolis en 2011 avec un chœur et un orchestre symphonique recrutés localement, ce qui deviendra le concept dans chaque grand théâtre, puis dans des salles d'opéra. On y raconte par exemple l'histoire de la chanson d'Ellen dans *Miss Saigon* : chacune des solistes interprète de courts extraits des versions qui se sont jouées sur scène au théâtre avant que nous ne cédions au démon de la réécriture, soit sous l'impulsion de Cameron, soit pour répondre à nos propres doutes. La chanson définitive arrive enfin à la fin de ce segment. Le concert comporte également des extraits en français de *La Révolution française* ou des *Misérables*, tels que « Mon histoire » qui commence chanté en français par Marie Zamora, puis en anglais à la seconde moitié de la chanson par une autre soliste, et finit en duo sur les derniers mots en français. Ce concert s'est déjà joué avec un immense succès dans plus de quinze villes autour du monde, à l'opéra de Washington, à Shanghai, à Manille, à l'opéra de Sydney et à Melbourne, à Taïwan, au cours d'une soirée de célébration du célèbre orchestre The New York Pops à Carnegie Hall… avant le concert du 28 juillet 2024 à l'immense Hollywood Bowl de Los Angeles devant 15 000 personnes. Le public fait ce voyage à l'intérieur de notre processus de création et l'émotion est palpable.

UN CADEAU D'ANNIVERSAIRE

Cameron Mackintosh réfléchit des années à l'avance aux événements

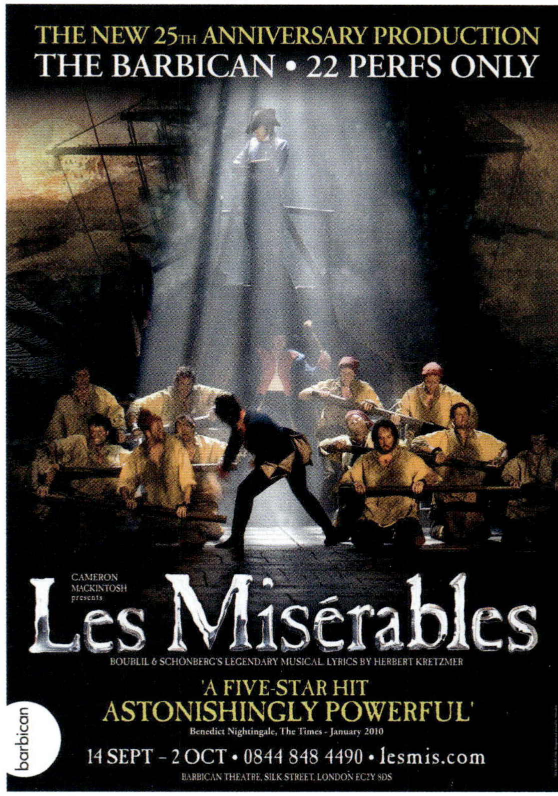

L'affiche de l'anniversaire des 25 ans, en 2010

qui vont jalonner l'histoire de ses spectacles. S'y inscrivent les concerts pour le dixième anniversaire des *Misérables* au Royal Albert Hall en 1995 et celui du vingt-cinquième anniversaire à l'O2 de Londres, avec un immense orchestre et des centaines

« Do You Hear The People Sing ? »,
le concert, Manille, 2014

La troupe lors du dixième anniversaire du spectacle, Royal Albert Hall, 1995

Haut : Colm Wilkinson (Valjean) lors du concert du dixième anniversaire, 1995
Bas : la scène du bagne dans la mise en scène de 2009

de choristes, en 2010. Comme cadeau pour les trente ans, il décide de nous offrir une nouvelle mise en scène. Laurence Connor et James Powell – qui ont débuté leur carrière dans la troupe des *Misérables* – recourent à de nouvelles technologies pour projeter dans un nouveau décor, sans le plateau tournant qui avait fait sensation dans la mise en scène originale, des dessins et des peintures de Victor Hugo. La musique et le texte ne varient pas. Le public redécouvre l'œuvre dans un nouveau lieu, le Queen's Theatre, où le spectacle se joue depuis le 3 avril 2004, tout comme les critiques qui saluent cette initiative.

CLAUDE-MICHEL

Le transfert du Palace au Queen's theatre a nécessité un aménagement orchestral. En effet, la fosse d'orchestre, plus petite, impose de réduire le nombre de musiciens, ce qui m'a conduit à revoir les orchestrations. Avec mes collaborateurs Stephen Metcalfe et Steven Brooker, secondés par Chris Yankee, nous tirons le meilleur parti des progrès techniques, qui ont bien évolué depuis 1985 et permettent d'améliorer la qualité sonore. Par ailleurs, Cameron et nous avons le désir que le spectacle résiste à l'usure du temps. D'un point de vue musical, cela se traduit par le dépoussiérage des arrangements orchestraux, tout en conservant l'esprit de ceux de John Cameron. Nous avons testé les premières modifications en 2006 à Amsterdam, mais il faut quatre ans pour aboutir à un résultat satisfaisant, ce qui tombe pile pour le vingt-cinquième anniversaire des *Misérables*.

Dix années plus tard, le Queen's est rebaptisé Sondheim Theatre en l'honneur de Steven, le parolier de *West Side Story*

L'intérieur du Stephen Sondheim Theatre, 2020

et l'auteur-compositeur de tant de chefs-d'œuvre de la comédie musicale américaine. Cameron, devenu propriétaire du lieu, donne nos noms aux deux loges du théâtre réservées en priorité à la famille royale. De nombreuses troupes se sont succédé depuis. Nous participons encore à certains des castings et, dès qu'une nouvelle troupe

Katy Secombe et Phil Daniels
(Mme et M. Thénardier),
Queen's theatre, 2015

Valjean (Ramin Karimloo)
et Javert (Hadley Fraser),
Londres, Queen's Theatre, 2011

investit le Sondheim, nous nous y rendons.

INFLUENCE

ALAIN

À New York, dans sa loge après le spectacle, je viens féliciter avec Marie le génial créateur Lin-Manuel Miranda qui triomphe avec *Hamilton*, sa deuxième création après *In the Heights*. Nous sommes tous les deux éblouis. Il me remercie et monte le son du haut-parleur : il était en train d'écouter, à ma stupéfaction, *Les Misérables*. Il me confie avoir relié le système audio de sa loge à celui du théâtre mitoyen dans lequel se joue la nouvelle production des *Misérables* pour en écouter des extraits quand il n'est pas sur scène. Il me demande si j'ai reconnu quelque chose dans *Hamilton*. « Non », dis-je. Il m'explique alors tout ce qu'il a emprunté à notre structure pour en faire le chef-d'œuvre qu'il a écrit et qui allait bientôt conquérir le monde. Je suis très ému. Il écrira le lendemain sur son Instagram : « Hier soir, j'ai eu la visite d'Alain Boublil et de la Cosette de Paris. Comment la vie peut-elle être meilleure que ça ? »

Des dizaines de personnes nous ont confié que la comédie musicale avait changé leurs vies et nombres de jeunes artistes ont grandi en écoutant ses airs célèbres. La confession la plus inattendue fut celle de Taylor Swift, déjà une star en 2012, qui, à notre grande surprise, a demandé à être auditionnée pour le film *Les Misérables*. Après avoir chanté une version très personnelle de « On My Own » pour Tom Hooper et moi, seuls présents à New York ce jour-là, je lui ai demandé pourquoi elle souhaitait être Éponine. Elle m'a répondu très simplement que c'était la chanson qu'elle chantait avec sa guitare à 14 ans, dans sa chambre, quand toute seule avec ses premières compositions qu'elle gardait encore pour elle, elle se demandait ce qu'elle ferait plus tard. Les bonnes fées ont depuis répondu à sa question. Elle a continué à montrer son intérêt pour le rôle en allant à Londres auditionner à nouveau pour Cameron et

Claude-Michel signe à Oxford

Claude-Michel. Nous trouvons tous que son interprétation superbe de la chanson est plus nostalgique que dramatique, c'est pourquoi nous lui avons préféré Samantha Barks, dont l'expérience théâtrale crève l'écran.

TRANSMISSION

CLAUDE-MICHEL

À la demande de la Cameron Mackintosh Foundation, je deviens professeur invité de théâtre contemporain à l'université d'Oxford, puis je reçois de nombreuses demandes de master class à la Royal Academy, à l'université de Virginie et d'autres encore, à destination de jeunes créateurs. J'aime cette transmission. Je ne suis pas là pour dire aux étudiants ce qu'il faut faire, je tente de leur faire gagner du temps. Il est assez facile de déceler ceux qui ont un potentiel de création et ceux qui sont à côté de la plaque. Mon rôle consiste en fin de compte à les aider à construire la passerelle entre eux et le public. Ce n'est pas parce que les idées leur semblent claires qu'elles le seront pour le spectateur. Tels les danseurs qui se regardent dans le miroir pour s'améliorer, il leur faut savoir trouver le bon recul pour jauger leur travail et l'orienter en conséquence. Comme je n'y connais rien en technique musicale, je tente de leur apprendre comment libérer l'émotion. Pour cela, j'engage des réflexions sur la philosophie des compositeurs. Ainsi Sondheim : malgré sa sophistication, une émotion brute se dégage de ses chansons. Dans sa comédie musicale *Passion*, quand Fosca confesse au bel officier qu'elle « ne lit pas pour penser, pour apprendre, mais pour rêver », vous êtes saisi.

Ces moments d'échanges m'invitent à l'introspection, ce qui me permet de garder la tête sur les épaules. Quand je réécoute les créations d'autres compositeurs, je relativise, en connaissance de cause, notre travail et le leur. Quand j'écoute la *Fantaisie chorale* de Beethoven ou sa *Neuvième Symphonie*, composée des années plus tard, je me dis que ses créations sont à des milliers de kilomètres au-dessus de ce que je peux concevoir. Vous avez l'impression d'un gamin qui joue avec ses cubes, c'est magnifique. Je n'ai pas du tout ce sentiment avec Bruckner, qui m'ennuie. C'est joli, mais rien ne se dégage. La spiritualité dans l'œuvre de Mahler me subjugue. Après avoir écouté sa *Huitième Symphonie*, qui m'a accompagné durant toute la pandémie, vous avez le sentiment d'être comblé. Je ne m'attendais pas du tout à être un jour en admiration à ce point. Écouter toujours et encore ces maîtres reste l'un des plus grands bonheurs dans ma vie.

ALAIN

Je m'interroge encore et toujours sur les raisons étranges qui vous font décider, à un moment précis, de sortir d'un chemin qui semblait tout tracé. On garde peut-être en soi la trace d'une phrase entendue pendant l'enfance, une émotion d'une lecture de l'adolescence, l'écho de quelques notes de musique, la résonance d'une chanson écrite par de plus talentueux que soi, et toutes ces bribes mémorielles se rencontrent un jour pour offrir une idée. On décide le jour venu de se jeter dans le tonneau des Danaïdes de la création et de s'approcher autant que faire se peut, même de loin, d'un idéal impérieux. « Qui de nous n'a cherché le calme dans un chant ? », a écrit Victor Hugo.

COVID ET REBOND

La crise sanitaire a fermé de nombreuses productions des *Misérables* et de *Miss Saigon* dans le monde en une semaine. Mais le Covid n'est pas parvenu à affaiblir *Les Misérables* à Londres. En effet, Cameron, qui tient par ailleurs à ce que le record de longévité du spectacle ne nous échappe pas, a trouvé une parade. Dès que le confinement total a été allégé, il a permis aux spectateurs de revenir voir le spectacle en installant un imposant dispositif sanitaire à l'entrée. La mise en scène est modifiée pour que les artistes respectent les distances de sécurité. Cameron ouvre également un souterrain entre les deux théâtres qui lui appartiennent désormais, le Sondheim et le Gielguld, de manière à partager la troupe en deux : une moitié se prépare dans les loges du premier, l'autre dans le second, permettant là encore que les normes sanitaires soient respectées, en présence d'une infirmière dans chacun des théâtres. Cette version est un concert en costumes qui révèle un nouvel engouement des spectateurs. Le public attend les membres de la troupe à l'issue du spectacle comme il le fait pour les vedettes de la *pop music*. Voilà qui a décidé Cameron à mettre au point une tournée internationale de cette version concert qui débutera en décembre 2024 à Glasgow pour une durée de deux ans à travers le monde dans des salles plus habituées à accueillir des artistes de variété ou des groupes de rock : *Les Misérables: The Arena Spectacular*. 2024 marque également un retour, après trente-trois ans d'absence pour une recréation à… Paris.

Les décors imaginés
par Emmanuelle Roy pour le Chatelet

CHAPITRE 16

C'EST POUR DEMAIN

CHÂTELET 2024

Ladislas Chollat

Stéphane Letellier, notre ancien attaché de presse en France devenu producteur, et Ladislas Chollat, metteur en scène réputé, ont eux aussi un rêve depuis près de dix ans : recréer *Les Misérables* à Paris. Il leur faudra sept ans pour convaincre Cameron et nous du bien-fondé de leur entreprise dans la ville qui a vu naître la première version du spectacle, puis la reprise dans la version de Londres en français en 1991. Sourds à nos craintes et réticences, ils continuent de bâtir leur projet. Une ébauche de décor, puis un plan détaillé, des démarches auprès du Châtelet–Théâtre musical de Paris, dont nous avions toujours pensé qu'il aurait pu être un magnifique écrin en 1980, sont autant d'étapes décisives. Ils se déplacent là où nous sommes, à Londres pour Cameron et Claude-Michel, à New York pour Alain, pour nous montrer chacun séparément l'avancement de leurs travaux sans avoir le moindre doute qu'ils parviendront à les mener à terme. Cameron et nous sommes tous trois d'accord sur la qualité artistique des intentions qui nous sont présentées pendant cette période de gestation.

Le Châtelet accepte enfin l'idée d'une programmation des *Misérables* fin 2024, ce qui finit de convaincre Cameron de leur accorder les droits pour ce retour à Paris dans une production nouvelle. À partir de là, nous décidons de nous impliquer totalement. Un retour au berceau de notre première création, longtemps espéré, mais que nous n'attendions plus.

ALAIN

Je m'attelle à la relecture de la version de 1991, qui avait déjà intégré toutes les modifications de la réécriture de Londres, et retrouve l'envie d'y apporter de nouvelles corrections. Je souhaite gommer les formes de langage trop similaires d'un personnage à l'autre, qui ne tiennent pas assez compte du milieu social ou politique auxquels ils appartiennent. Éponine ne parle pas comme Enjolras. Hugo parle de donner une voix à qui n'en a pas. Elle doit être différente selon qui s'exprime. Certaines paroles dans « À la volonté du peuple » me sont apparues grandioses et statiques, alors qu'elles sont chantées par un groupe de révolutionnaires vérifiant leurs armes sur une barricade. J'ai choisi de réécrire une première strophe pour qu'elle soit en action comme un manifeste de combat, gonflé d'idéal et d'un projet pour l'avenir, en remplacement du quatrain joliment poétique originel.

« *À la volonté du peuple*
Et à la santé du progrès
Remplis ton cœur d'un vin rebelle
Et à demain, ami fidèle
Nous voulons que la lumière
Déchire le masque de la nuit... »

J'ai choisi de faire chanter aux étudiants sur la barricade :

« *À la volonté du peuple*
Dont on n'étouffe jamais la voix
Et dont le chant renaît toujours
Et dont le chant renaît déjà.
Si ton cœur bat aussi fort
Que le tambour dans le lointain
C'est que l'espoir existe encore
Et c'est pour demain. »

Au cours de cette réécriture, je prends un grand plaisir à discuter avec Ladislas Chollat chaque ligne du texte revisité.

Le Châtelet et Stéphane s'associent pour produire un disque avec les artistes de la nouvelle distribution que nous avons castés tous ensemble avec Ladislas et l'équipe du Châtelet, dont Benoît Rameau-Valjean, Sébastien Duchange-Javert, Claire Pérot-Fantine, Juliette Artigala-Cosette, Christine Bonnard et David Alexis-le couple Thénardier, Océane Demontis-Éponine, Jacques

Haut : Enregistrement de l'album, 2024.
Bas : Rodolphe Polin-Michaut, Alix Ewald, Claude-Michel, Alexandra Cravero, Alain, Stéphane Letellier-Rampon.

Preiss-Marius, Stanley Kassa-Enjolras et Maxime de Toledo-l'évêque de Digne. L'enregistrement que nous réalisons avec Alexandra Cravero, la cheffe d'orchestre, nous prouve que la distribution que nous avons choisie est formidable. Entendre à nouveau la partition en français avec pour la première fois les modifications de textes est très émouvant. Le lancement de la campagne de presse aboutit à un *showcase* auquel ont assisté de très nombreux journalistes parisiens, manifestant leur soutien par de chaleureux applaudissements.

Nous avons la merveilleuse surprise d'être sollicités par Thomas Jolly et le comité olympique français pour faire partie de la cérémonie d'ouverture des JO Paris 2024. Ils sont venus filmer, dans leur propre mise en scène, un extrait de « À la volonté du peuple » sur une barricade spécialement construite par leurs soins sur la scène du Châtelet pour quelques heures de tournage.

À l'heure où nous écrivons ces lignes, nous attendons avec impatience le début des répétitions et la suite de l'aventure.

CÉLÉBRATIONS

Pendant que le bagne de Toulon et la nouvelle barricade d'Emmanuelle Roy, responsable des décors, se réinstallent à Paris, Cameron Mackintosh continue, la tête dans les étoiles, à imaginer l'avenir de notre comédie musicale

Le décor de la barricade présenté à la cérémonie d'ouverture des Jeux olympiques de Paris

dans le monde. Après avoir fêté en 2024 la quinze millième représentation à Londres, nous célébrerons en septembre 2025 les quarante ans de présence ininterrompue des *Misérables* sur la scène londonienne. D'importantes festivités sont en préparation pour fêter l'événement. Onze des principales compagnies amateurs de théâtre, partout dans le Royaume-Uni, vont être pour la première fois autorisées à préparer leur propre version du spectacle. Plusieurs centaines d'artistes amateurs se joindront aux troupes constituées pour faire partie d'un gigantesque concert le jour de l'anniversaire.

Nous réfléchissons également aux demandes des salles d'opéra qui souhaiteraient monter leur propre version des *Mis* comme ils l'ont fait de *West Side Story* et de *Sweeney Todd.* Cela nécessite de parvenir à un équilibre respectueux des intentions de la partition entre des voix issues de la comédie musicale et d'autres plus opératiques. Ni Cameron, ni nous ne l'autoriserons sauf à trouver la parfaite combinaison. Mais les exemples existent: Alfie Boe, un célèbre chanteur d'opéra anglais, a réussi à jouer un Jean Valjean exceptionnel dans le West End pour *Les Misérables* en concert, et son interprétation est depuis devenue une référence. Il nous reste à trouver une troupe entière qui aurait cette flexibilité vocale.

Alfie Boe (Valjean), Queen's Theatre, 2011

L'AVENIR

ALAIN

Savoir que l'on partage avec autant de gens dans le monde les émotions de moments intimes d'écriture est vertigineux. Il semble que nos *Misérables* nous survivront. Normal, ils ont survécu à Victor Hugo! La place prophétique du roman a trouvé au cinéma de multiples relais (les innombrables adaptations depuis 1906) et, avec notre comédie musicale, un relais pérenne. C'est le message humaniste du roman de Victor Hugo, dont nous sommes fiers d'avoir été les passeurs par la musique et les mots chantés, qui touche un public aussi large. Le visage de Cosette, devenu un emblème internationalement connu du spectacle, a été réclamé et reproduit sur la couverture des rééditions du roman dans le monde, ce qui a permis de démultiplier le nombre de ses lecteurs, et de faire entrer l'ouvrage dans le cursus de nombreux collèges étrangers. Notre manière de rendre un peu à celui à qui nous avons tant emprunté.

Avant de vous laisser refermer cet ouvrage, voici ce qu'écrivit Victor Hugo à son éditeur belge : « Tant qu'il y aura sur la terre ignorance et misère, des livres de la nature de celui-ci pourront ne pas être inutiles. » Plus modestement, suggérons que, tant qu'il y aura des rêves en tout un chacun, aussi fous soient-ils, des livres comme celui-là ne seront pas totalement inutiles.

« Tant qu'il y aura sur la terre ignorance et misère, des livres de la nature de celui-ci pourront ne pas être inutiles. »

REMERCIEMENTS

L'heure est venue de remercier le ciel, Victor Hugo, nos parents, nos épouses et nos enfants qui, malgré leurs carrières respectives, n'ont jamais cessé d'être un soutien essentiel, Cameron l'envoyé du destin, Charles Dickens, Lionel Bart, les muses qui vont et viennent au gré du vent et du hasard, et la vie pour nous avoir offert cette aventure et notre amitié.

Nous remercions très chaleureusement Sue Coombes, l'assistante d'Alain qui l'épaule avec discrétion et efficacité depuis plus de trente ans, et Rosy Runciman de Cameron Mackintosh (Overseas) Limited pour leur implication sans borne dans la recherche iconographique de cet ouvrage.

Nos sincères remerciements également aux photographes, à Angélique Le Goupil, à Gilles Taillefer pour leur aide précieuse.

CRÉDITS ICONOGRAPHIQUES

Page 7 : © Michael Le Poer Trench / Cameron Mackintosh Limited ; page 9 : © Jenny Bates ; page 10 : © Look and Learn / Rosenberg Collection / Bridgeman Images ; page 11 : © Daniela Beltran ; page 13 : collection personnelle d'Alain Boublil, photographe inconnu ; page 14 : trombinoscope HEC 1960-1963, réédition 1993 ; page 17 : © DR ; page 18 : © LAPI / Roger-Viollet ; page 19 : © Seamus Ryan ; page 20 : collection personnelle de Claude-Michel Schönberg, photographe inconnu ; page 22 : Studio Lipnitzki / Roger-Viollet ; page 24 : © United Archives / Schweigmann / Bridgeman Images ; page 25 : © Giovanni Coruzzi / Bridgeman Images ; page 26 : © The Mirisch Corporation (presented by)/A Robert Wise Production as Mirisch Pictures Inc./Seven Arts Productions (in association with) / Diltz / Bridgeman Images ; page 27 : Pathé-Marconi ; page 28, gauche : © DR ; page 28-29 : © Bridgeman Images ; page 29 : © Estate of Lotte Meitner-Graf. All rights reserved 2024 / Bridgeman Images ; page 30 : collection personnelle de Claude-Michel Schönberg, photographe inconnu ; page 31 : collection personnelle d'Alain Boublil, photographe inconnu ; page 33 : © Gijsbert Hanekroot / Alamy Banque D'Images ; page 34 : photo Le Parisien Libéré présentée par larevolutionfrancaise.com ; page 37, haut : © Vogue ; page 38, bas : © Bernard Monié ; page 39 : Super Géant, présenté par larevolutionfrancaise.com ; page 40, gauche : extrait du programme du spectacle, photographe inconnu, présenté par larevolutionfrancaise.com ; page 40, en haut à droite, extrait du programme du spectacle, photo P. Merou, présenté par larevolutionfrancaise.com ; page 40, en bas à droite : extrait du programme du spectacle, photographe inconnu, présenté par larevolutionfrancaise.com ; page 41 : extrait du programme du spectacle, photo Loïc Louette, présenté par larevolutionfrancaise.com ; page 42 : © SLC, présenté par larevolutionfrancaise.com ; page 45 : © Classic Picture Library / Bridgeman Images ; page 46, haut : photographe inconnu ; page 46 bas : © Donald Cooper - Photostage ; page 48, haut : © Michael Le Poer Trench / Cameron Mackintosh (Overseas) Limited ; page 48, bas : illustration de Victor Hugo, photo © Leonard de Selva / Bridgeman Images ; page 49 : illustration François Flameng, photo © Svintage Archive / Alamy Banque D'Images ; page 50 : © Michael Le Poer Trench / Cameron Mackintosh (Overseas) Limited ; page 51 :© Michael Le Poer Trench / Cameron Mackintosh (Overseas) Limited ; page 52 : © Universal Studios Licensing LLC. Les Miserables movie © Universal Studios ; page 53 : © Michael Le Poer Trench / Cameron Mackintosh (Overseas) Limited ; page 54 : © Michael Le Poer Trench / Cameron Mackintosh (Overseas) Limited ; page 55 : © Michael Le Poer Trench / Cameron Mackintosh (Overseas) Limited ; page 56 : © Matthew Murphy / Cameron Mackintosh Limited ; page 57 : © Michael Le Poer Trench / Cameron Mackintosh (Overseas) Limited ; page 58 : © Keystone Pictures USA / Aurimages ; page 61, photographies : © Emmanuel Pagnoud ; page 61 à droite : © DR ; page 62, à gauche : © Emmanuel Pagnoud ; page 62, à droite : © DR ; page 63 : © Trema ; page 64 : © Emmanuel Pagnoud ; page 66, en haut : photographe inconnu ; page 66, à gauche : © AGIP / Bridgeman Images ; page 66, à droite : © DR ; page 68 : © DR ; page 70 : © Cameron Mackintosh Limited ; page 71 : © BRITISH LIBRARY / AURIMAGES ; page 72 : collection personnelle de Claude-Michel Schönberg, photographe inconnu ; page 73 : : © Michael Le Poer Trench / Cameron Mackintosh (Overseas) Limited ; page 75 : : © Michael Le Poer Trench / Cameron Mackintosh Limited ; page 76 : design by Dewynters © Cameron Mackintosh (Overseas) Limited ; page 77 : John Napier ; pages 78-79 : © Andreane Neofitou ; page 80, en haut : © Michael Le Poer Trench / Cameron Mackintosh Limited ; page 80, en bas : © Michael Le Poer Trench / Cameron Mackintosh (Overseas) Limited ; page 81 : © Michael Le Poer Trench / Cameron Mackintosh (Overseas) Limited ; page 82 : © Michael Le Poer Trench / Cameron Mackintosh Limited ; page 85, haut : © DR ; page 85, bas : © John Carroll ; page 86 : © Jeffrey Prout ; page 87 : photographe inconnu ; page 89 : © Michael Le Poer Trench / Cameron Mackintosh (Overseas) Limited ; page 90, haut et bas : © Michael Le Poer Trench / Cameron Mackintosh (Overseas) Limited ; page 91 : © TOPFOTO / AURIMAGES ; page 92 : collection personnelle de Claude-Michel Schönberg, photographe inconnu ; page 93, haut et bas : collection personnelle de Claude-Michel Schönberg, photographe inconnu ; page 93, centre : collection personnelle d'Alain Boublil ; page 94 : © Matthew Murphy / Cameron Mackintosh Limited ; page 96 : photographe inconnu ; page 97, haut : © Deen van Meer / Cameron Mackintosh Limited ; page 97, bas : © Michael Le Poer Trench / Cameron Mackintosh (Overseas) Limited ; pages 98-99 : © Michael Le Poer Trench / Cameron Mackintosh (Overseas) Limited ; page 100, en haut, à gauche et à droite : collection personnelle de Claude-Michel Schönberg, photographe inconnu ; page 100, en bas : © Hugh Hamilton ; page 102, à gauche :

photographe inconnu; page 102, à droite: © Toho Theatrical Dept; page 103: © Toho Theatrical Dept; page 104: © TOHO CO., LTD. Theatrical Division; page 105: © Toho Theatrical Dep; page 106: photographe inconnu; page 107: © Michael Le Poer Trench / Cameron Mackintosh (Overseas) Limited; page 108: © Michael Le Poer Trench / Cameron Mackintosh (Overseas) Limited; page 109: © Michael Le Poer Trench / Cameron Mackintosh (Overseas) Limited; page 110: © Michael Le Poer Trench / Cameron Mackintosh (Overseas) Limited; page 111: © Michael Le Poer Trench / Cameron Mackintosh (Overseas) Limited; page 112, haut et bas: © Universal Studios Licensing LLC. Les Miserables movie © Universal Studios; page 115: collection personnelle d'Alain Boublil, photographe inconnu; page 117: © Universal Studios Licensing LLC. Les Miserables movie © Universal Studios; page 118-119: © Universal Studios Licensing LLC. Les Miserables movie © Universal Studios; page 120: ©Richard Levine / Alamy Banque D'Images; page 121: © Universal Studios Licensing LLC. Les Miserables movie © Universal Studios; page 122: collection personnelle de Claude-Michel Schönberg, photographe inconnu; page 123, en haut à gauche: collection personnelle d'Alain Boublil, photographe inconnu; page 123, en haut à droite et en bas: © PA Images / Alamy Banque D'Images; page 123, centre: collection personnelle de Claude-Michel Schönberg, photographe inconnu; page 124, haut et bas: © Michael Le Poer Trench / Cameron Mackintosh Limited; page 125: © Michael Le Poer Trench / Cameron Mackintosh Limited; page 126: © Michael Le Poer Trench / Cameron Mackintosh Limited; page 127, gauche et droite: © Michael Le Poer Trench / Cameron Mackintosh Limited; page 128: © Michael Le Poer Trench / Cameron Mackintosh Limited; page 129, gauche et droite: © Michael Le Poer Trench / Cameron Mackintosh Limited; page 130: design by Dewynters © Cameron Mackintosh Limited; page 131: © Michael Le Poer Trench / Cameron Mackintosh Limited; page 132: photographe inconnu; page 135, pour les trois images: © Michael Le Poer Trench / Cameron Mackintosh Limited; page 136: © Michael Le Poer Trench / Cameron Mackintosh Limited; page 137: © Michael Le Poer Trench / Cameron Mackintosh Limited; page 138: design by Dewynters © Cameron Mackintosh Limited; page 139: © Michael Le Poer Trench / Cameron Mackintosh Limited; page 140: © Michael Le Poer Trench / Cameron Mackintosh Limited; page 142: collection personnelle de Claude-Michel Schönberg, photographe inconnu; page 143: © Joan Marcus; page 146: © Tristram Kenton; page 147: © Tristram Kenton; page 149, à gauche: Stefan Boublil © Bouberg Productions Limited; page 149, à droite: National Moravian Theatre © Bouberg Productions Limited; page 151: photographe inconnu; page 152: © Cameron Mackintosh Limited, photographe inconnu; page 153: © Cecila Pang; page 154: © Ian Jones Photography; page 155: © PA Images / Alamy Banque D'Images; page 157: design by Dewynters © Cameron Mackintosh (Overseas) Limited; pages 158-159, haut: Geo Yu - GK Photography; pages 158-159, bas: © Cameron Mackintosh (Overseas) Limited, photographe inconnu; page 160, haut: © Michael Le Poer Trench / Cameron Mackintosh (Overseas) Limited; page 160, bas :Catherine Ashmore © Cameron Mackintosh (Overseas) Limited; page 161: © Philip Vile; page 162, haut: Johan Persson © Cameron Mackintosh Limited; page 162, bas: © Alastair Muir; page 163: collection personnelle de Claude-Michel Schönberg, photographe inconnu; page 166, haut et bas: © Emmanuelle Roy; page 167: © DR; page 169, haut et bas: © DR; page 170: © DR; page 171: © Michael Le Poer Trench / Cameron Mackintosh (Overseas) Limited.

Couverture: d'après l'illustration originale d'Emile Bayard, quatrième de couverture, en haut et en bas: ©Emmanuelle Roy; © Michael Le Poer Trench & Matthew Murphy / Cameron Mackintosh Limited

Achevé d'imprimer
par Drukarnia Dimograf,
en septembre 2024
Dépôt légal : octobre 2024

Imprimé en Pologne